진영을 넘어 미래를 그리다

지은이 변양균

경남 통영에서 태어나 부산에서 초중고를 다녔다. 고려대학교 경제학과를 졸업한 뒤 제14회 행정고등고시에 합격해 경제 관료의 길에 들어섰다. 경제기획원, 재정경제원, 기획예산처를 거치며 경제개발, 정부 예산 및 국가기획 분야의 전문 관료로 일했다. 미국 예일대학교에서 경제학 석사 학위를 받았고 서강대학교에서 논문 〈한국 재정의 지속가능성 분석과 재원배분의 비최적성 치유에 관한 연구〉로 박사 학위를 취득했다.

참여정부에서 기획예산처 장관, 청와대 정책실장을 지내며 노무현 대통령의 경제 참모로 주요 경제사회 정책을 기획하고 추진했다. 특히 2006년 국민 삶의 질 향상을 위한 정부의 장기 계획서인 '비전 2030'을 수립해 참여정부 복지국가의 비전을 구체화했다.

2022년부터 윤석열 대통령 경제고문을 맡고 있으며, 《노무현의 따뜻한 경제학》《어떤 경제가 우리를 행복하게 하는가》《경제철학의 전환》등의 책을 썼다.

진영을 넘어 미래를 그리다: 변양균 회고록

2023년 9월 20일 초판 1쇄 발행

지은이 변양균 | 대담·정리 이정재 주정완 | 발행인 박윤우 | 편집 김송은 김유진 성한경 장미숙 | 홍보마케팅 박서연 이건희 이영섭 정미진 | 디자인 서혜진 이세연 | 저작권 백은영 유은지 | 경영지원 이지영 주진호 | 표지·본문 디자인 디박스 | 발행처 부키(주) | 등록일 2012년 9월 27일 | 등록번호 제312-2012-000045호 | 주소 03785 서울 서대문구 신촌로3길 15 산성빌딩 6층 | 전화 02-325-0846 | 팩스 02-3141-4066 | 홈페이지 www.bookie.co.kr | 이메일 webmaster@bookie.co.kr | ISBN 978-89-6051-998-5 03300

진영을 넘어 미래를 그리다

변양균
회고록

부·키

차례

3장

———————— 한반도 평화와 균형 발전의 초석을 놓다

노무현 정부 안보·사회 정책

세상을 바꾸려던 사람들 옆에서

이 책은 2022년 10월부터 2023년 3월까지 《중앙일보》에 연재한 '남기고 싶은 이야기, 진영을 넘어 미래를 그리다'를 일부 보완하여 재구성한 것이다. 이정재 당시 중앙일보 칼럼니스트로부터 회고록 연재를 권유받았을 때, 내가 회고록을 쓰는 것은 주제넘은 짓이라 생각했다.

30여 년을 경제 관료로 살면서 성공적으로 경제 정책을 수립하고 시행했던 것보다는 실패한 정책이 더 많았던 것 같기도 했다. 성공한 정책 중에서도 딱히 자랑스럽게 내세울 만한 정책이 별로 기억나지 않았다. 인생도 그리 모범적으로 살아온 것 같지 않았다. 수많은 결혼식 주례 부탁을 한 번도 수락한 적이 없었던 것도 같은 이유였다. '주제넘은 짓'은 말자.

그런 마음을 바꿔《중앙일보》에 내 업적이나 품격에 비해 너무나도 무거운 회고록을 연재한 이유는 두 가지다. 첫째는 많은 오해를 받고 있는 노무현 대통령 경제 정책의 참뜻을 조금이라도 바로 알려야 하지 않겠느냐고 강력히 권유한 이정재 전《중앙일보》칼럼니스트 때문이다. 둘째는 실패한 정책, 아니 시행해 보지도 못한 정책이라도 알리는 것이 후배들에게 도움이 되겠다 싶었다.

지금 우리는 세대 간 갈등이 심각하다. 세대 간 갈등은 어느 나라에나 있는 공통적 현상이다. 그런데 우리는 그 정도가 더 심각한 것 같다. 왜 그럴까? 우리나라 세대 간 갈등은 단순한 갈등이 아니라 서로 다른 나라 사람 간 갈등이기 때문이다. 지금 우리나라 사람은 세대별로 태어난 나라가 다르고 자라난 나라가 다르다. 나와 같은 세대는 헐벗고 굶주리는 전형적인 후진국에서 태어나고 자란 다음, 중진국에서 한참 일하다가 은퇴한 후에는 선진국에서 살고 있는 세대에 속한다. 부모를 모셔야 하고, 자식을 책임져야 하며, 자신의 노후는 스스로 해결해야 하는 세대다. 이런 시대, 이런 국가에서 살면서 어떤 경제 정책과 사회 정책을 수립했는지, 미래엔 선진국이 되도록 준비하는 대책을 세우는 정부의 일원으로 일한 경험은 어땠는지, 단편적이나마 책 말머리에 밝혀 보고자 한다.

나는 한국전쟁이 일어나기 7개월쯤 전에 경남 통영에서 태어났다. 태어난 곳이 한반도 남쪽 끝이었기에 전쟁의 피해는 상대적으로 적었지만, 영유아기를 전란 속에서 보낸 것은 마찬가지였다. 부모를 따라 옮겨 다녔던 소년 시절의 도시 분위기와 거리 곳곳에서 보았던 전쟁의 참상은 아직도 머릿속에서 지워지지 않는다. 팔다리가 성치 않은 상이군경들, 백주 대낮에 벌거벗고 돌아다니는 미친 여자들, 셀 수 없이 많은 거지들. 이런 환경에서 시작한 국민학교(초등학교) 시절은 4·19 혁명을 지나 5·16 군사 쿠데타의 '혁명 공약'을 외우는 것으로 끝났다. 고등학교 시절은 부산 부둣가에서 월남전 참전용사들을 위한 환송회 참가를 몇 번 하고 났더니 끝나 버렸다. 대학은 미대를 가고 싶어 준비했으나 그림으로는 먹고살기 힘들다는 부모님의 반대로 진로를 바꾸었다. 그러나 진짜 이유는 그림으로는 최고가 될 자신이 없어서였다. 공부는 중간만 해도 먹고살 수 있지만 그림은 최고가 되지 않으면 생계가 어렵기 때문이다. 더 솔직하게는 도전 정신과 용기가 부족했기 때문이다.

대학 생활이 시작됐지만 시위와 최루가스 속에서 휴교의 연속이었다. 대학 4년 8학기 동안 정상적으로 수업을 한 건 2학년 1학기(1970년 봄학기)뿐이었다. 나머지 7학기는 대부분 휴강이었다. 사정이 이러니 내 학부 전공이 경제학이라지만 거의 전공을 안 한 것이나 마찬가지였다. 경제학은 오히려 행정고시 공부를 하면서 독학한 셈이었다. 교련 반대 데모 참가와 교련 과목 수강 거부로 정보부에 잡혀가면서 박정희 정부에서 일하기 위해 행정고시를 한다는 것이 영 내키지 않았다. 당시 존경받던 노학자인 조기준 교수(경제사 전공)를 찾아가 상담을 했다. "지금 정부는 우리나라 정부다. 일본이 세운 일제시대 정부가 아니다. 이럴 때일수록 정부에 들어가 우리 국민을 위해 열심히 일하는 것이 국가와 국민을 위하는 일이다." 교수님은 이런 취지의 말씀을 해 주셨다.

이런 식으로 대학 생활을 하다 보니 내 인생에서 경제학에 대한 체계적 지식을 쌓은 곳은 대학교보다는 직장이었다. 내 경제학의 학문적 배경과 스승은 경제기획원 경제기획국에서 시작한 사무관 생활에서 맞이한 상관들이다. 여러 상관이 있었지만 이석채 과장, 김재익 국장, 강경식 차관보 세 분이 대표적이다. 이석채 과장과는 거의 매일 토론이었다. 기억에 남아 있는 단어가 '소득 분배', '기회의 평등'이다. 김재익 국장은 틈만 나면 읽어 볼 책을 주셨다. 종종 미국 원서를 건네주며 요약해 보라고도 하셨다. 지나고 생각해 보니 굉장한 훈련이었다. 수많은 가르침 중에서 가장 기억나는 단어가 '시장경제', '가격 체계의 훼손'이다. 강경식 차관보는 혁신과 추진력이 대단한 분이셨다. 아직도 기억에 남아 있는 단어가 '민간 주도', '경제 안정화'다. 그렇게 내 직장생활은 날마다 토론이었다. 지금 생각해 보니 당시 나는 직장에 출근하는 것이 아니라 매일 세미나에 참석한 것이나 마찬가지였다. 어떻게 해야 우리나라 경제와 사회를 발전시킬 수 있느냐에 대한 세미나였다.

김재익 국장은 지적 측면만 아니라 행동 하나하나가 모범이었다. 공직자로서 반듯한 자세를 넘어 성직자에 가까웠다. 심지어 이런 일도 있었다. 나와 같이 일하는 주사(6급 주무관)가 승진 시험 때가 되어 며칠간 집중해서 공부할 시간이 필요했다. 그 당시에는 가짜 병가를 얻어 결근하는 것을 양해해 줬다. 말하자면 관례였다. 그 주사는 병가 결재를 위해 나와 과장의 사인을 거쳐 결재 서류를 김재익 국장실로 들고 갔다. 김 국장은 최종 결재를 해 주면서 가짜 병가 서류인 줄 모르고 진심으로 주사의 건강을 걱정해 주었다. 그 주사는 사무실로 돌아와서 내게 말했다. "저렇게 우리에게 진심으로 대해 주시는 분을 속여서 어떡하지요? 국장실 문밖 복도까지 따라 나오면서 몸조리 잘하라고 신신당부하셨어요." 그는 눈물을 글썽이며 사무실을 나갔다. 나도 성직자를 속인 것 같은 기분이 들었다. 조금 있다가 그 주사는 얼굴을 씻고 왔다. 눈물이 많이 났던 모양이다. 존경하는 어느 선배 관료가 내게 해 주신 말씀이 기억난다. "공직자 생활을 하면서 가장 관운이 좋은 사람은 상관과 부하를 잘 만나는 사람이다." 그런 면에서 나는 정말 관운이 좋은 사람이다.

30여 년의 공직 생활을 하면서 꼭 해 봐야겠다고 목표로 삼은 자리가 하나 있었다. 경제'기획'국장이다. 한창 흡수력이 좋았던 20대 후반 30대 초반의 청년으로서 김재익 경제기획국장에게 받은 영향이 절대적이다. 물론 성직자 같은 자세는 본받을 자신이 없었지만 반듯하고 멋있는 국장이 되고 싶었다. 나는 우리나라 경제를 그야말로 '기획'해 보고 싶었다. 나중에 남들 보기에 승승장구한 나머지 자리는 내가 목표로 삼은 자리가 아니다. 그때그때 시류에 따랐을 뿐이다. 젊은 시절 목표로 삼았던 경제기획국장 자리는 결국 맡지 못했다. 그와 비슷한 재정기획국장을 맡았을 뿐이다. 경제'기획'국장이라는 명칭의 자리가 없어졌기 때문이다.

　김영삼 정부 시절이다. 문민정부를 표방한 정부는 군사 정권의 잔재를 없애기 위해 다방면으로 방법을 강구했다. 잘 알려진 바와 같이 하나회 해체는 물론이고, 경제기획원이라는 부처 명칭도 없앴다. 경제기획원은 박정희 군사정부 '계획' 경제의 상징적 부처였다. 민간 주도 경제를 강조하려면 경제기획원의 '기획'이라는 단어부터 없애야 했다. 박정희 정부부터 경제기획국이 주관해 작성했던 경제개발 5개년 계획(경제사회발전 5개년 계획)을 수립하는 제도도 없어졌다. 재무부에 경제기획원을 통합해 재정경제원으로 만들었다. 실, 국, 과 등 내부 조직 명칭을 만들 때에도 '기획'이라는 단어가 들어가면 안 됐다. 역설적이게도 '기획'이라는 명칭을 사용하지 말고 내부 조직과 업무분장을 해서 보고하라는 지시가 나에게 비밀리에 내려왔다. 당시 나는 경제기획원 예산실 제1심의관(경제예산국장)이었다.

경제예산국장 시절 내 인생에서 큰 전환점이 될 뻔한 에피소드가 있다. 당시 집권 여당(신한국당)의 조직위원장이 나를 만나고 싶어 한다는 연락을 받았다. 그를 찾아갔더니 대뜸 "이번 총선에 출마해 줘야겠어요"라고 했다. 그의 설명은 이랬다. "심야 토론 방송에서 우리 여당이 경제 분야는 좀 열세야. 전국구(비례대표) 갖고는 안 돼요. 변 국장이 지역구 국회의원으로 국회로 들어와 심야 토론 등 경제 분야를 책임져 줘야겠어요." 심야 토론 방송이 인기를 끌던 시절이었다. "위에서 서베이(설문조사)를 했더니 변 국장이 TV 화면도 잘 받고, 경제 논리도 정연하고, 지역도 부산이고, 젊고(40대 초반) 해서 뽑힌 것이에요." 이런 설명과 함께 나에게 무조건 총선 출마를 수락하라고 했다. 지역구는 내가 원하는 대로 찍으라고도 했다.

난감했다. "저는 선거라고는 국민학교 반장 선거밖에 해 본 적이 없습니다. 소문으로 듣기에는 선거 비용이 20억 원이나 든다고 하던데 저는 2억 원은커녕 2000만 원도 없습니다." 그는 선거운동과 선거 비용은 당에서 다 책임진다면서 거듭 총선 출마를 재촉했다. 그 뒤에도 두 번이나 더 불려가 출마 권유를 받았다. 당시 결단을 못 한 건 여러 이유가 있었지만 결국 용기 부족 때문이었다고 할 수 있다. 지금이라면 후배들에게 국회에 진출할 기회가 있으면 기회를 잡으라고 권하고 싶다. 요즘은 정부보다 국회에 정책 결정권이 있어서다.

김영삼 정부에서 금지했던 '기획'이라는 단어는 다음 정부인 김대중 정부에서 재탄생하게 된다. 기획예산처를 신설해 '기획'이란 용어를 정부 조직에서 되살렸다. '공룡 부처'인 재정경제원 조직에서 옛 경제기획원의 예산, 기획, 공기업 관련 기능 등을 분리했다. 국가를 운용하는 대통령 입장에서 국가 전체를 기획, 조정할 기능이 필요했던 것이다. 이런 조직 변경으로 나의 젊은 사무관 시절 꿈도 엇비슷하게 이뤄졌다. 비록 경제기획국장은 아니지만 기획예산처 장관이 되어 국가 장기발전 계획을 수립해 볼 수 있게 됐다.

노무현 정부 시절인 2006년 8월에는 '비전 2030'을 내놓았다. 우리나라 최초의 장기 재원배분 계획이다. 단순히 전망이나 비전이 아니고 국가 계획을 수립한 것이었다. "2020년에는 2005년의 일본 정도는 간다. 2030년이 되면 2005년의 스위스를 따라잡는다." 이게 목표였다. 각 분야의 구조 개혁 계획도 100가지 정도 들어 있었다. 결과적으로 물가와 환율을 반영한 구매력평가(PPP) 기준으로는 한국이 일본을 추월했다. 비전 2030은 결코 장밋빛 전망으로 가득 찬 뜬구름 잡기가 아니었다. 비전 2030 발표 당시엔 재원 조달 계획을 두고 비판이 들끓었다. 개인적으로는 세금을 올려야 한다고 생각했다. 그러나 여론 때문에 도저히 증세를 말할 수 없었다. 지금도 제일 아쉬운 점이다.

나는 노 대통령의 임기 대부분을 기획예산처 차관과 장관, 청와대 정책실장이란 정무직으로 함께 했다. 시간이 지나서 돌아보니 그때 내 시야가 엄청나게 넓어진 걸 알게 됐다. 인생에 대해서도, 사람에 대해서도, 국가 경영을 어떻게 해야 하는지에 대해서도 정말 많은 것을 배우고 깨달았다. 누가 뭐라고 해도 노 대통령은 큰 인물이었다. 누구보다 가까운 거리에서 노 대통령을 보좌했던 참모로서 자신 있게 말할 수 있다.

어떤 사람들은 나를 가리켜 "신자유주의에 물들어 노무현을 보수화시킨 관료"라고 공격했다. 사실 나는 신자유주의가 뭔지도 잘 몰랐다. 오직 실용적 관점에서 경제 성장과 투자 그리고 형평에 좋은 방안을 찾자는 생각뿐이었다.

나로선 노 대통령을 보수화시켰다기보다는 그분 덕분에 내 뜻을 펼쳤다고 할 수 있다. 노 대통령은 특정 이념에 찌든 사람이 아니다. 내가 건의한 정책 중에는 진보 진영이 싫어할 만한 것도 많았다. 그런 걸 받아들일 수 있는 지도자는 드물다. 그분이 나를 선택했지만 나도 노무현의 위대함을 선택했다고 말하고 싶다. 고대 중국의 춘추전국 시대에 비유하면 좋은 군주를 만난 셈이다.

나는 노 대통령에게 경제 정책의 원칙을 항상 두 가지로 구분해 말씀드렸다. 지금도 변함없는 생각이다. 간단히 설명하면 다음과 같다. (도표 참조)

경제 정책을 시행하려는 대상에는 경제 정책적 요소와 사회 정책적 요소 두 가지가 있다. 경제 정책적 요소에는 시장경제의 원칙을 철저히 적용해야 한다. 시장경제의 원칙은 자율·경쟁·개방으로, 이를 훼손하지 말아야 한다. 시장경제의 원칙이 적용돼야 할 대상은 기업가와 중산층이다. 기업가에게는 생산요소의 창조적 결합을 보장해야 한다. 이를 위해 토지, 자본, 노동, 기술을 결합할 수 있는 자유를 보장해야 한다. 중산층 이상에게는 자유로운 자산 형성과 운용을 보장해야 한다. 즉 자유로운 주식, 부동산 투자 등을 보장해야 한다. 예를 들어 부동산에 대한 정당한 투자를 죄악시하면 안 된다. 사회 정책적 요소에는 기본수요의 충족을 우선해야 한다. 서민층을 대상으로 주거, 의료, 교육, 육아, 레저, 안전 등 기본수요가 충족되도록 국가는 최선을 다해야 한다.

이런 원칙 아래 노무현 정부는 인위적 경기 부양을 하지 않았다. 그게 경제를 망친 것처럼 낙인이 찍혀 있다. 나는 지금이라도 잘못 알려진 것을 바로잡고 싶다. 일부 부족한 점은 있겠지만 이념에 휩쓸리지 않고 기본에 충실한 경제 정책을 했다고 자부한다. 그래서 초기에는 어려움을 겪었지만 임기 후반으로 갈수록 성과를 냈다. 반면에 김영삼·김대중·이명박 정부를 보면 초기에

일류화 사회 경제 정책 원칙

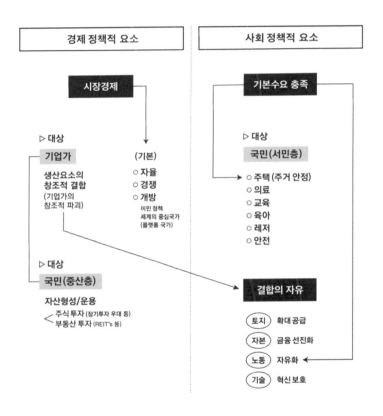

확장 정책을 폈다가 임기 말에는 모두 좋지 않았다.

　개방 경제인 한국은 대외 여건 변화의 영향을 많이 받는다. 우리 수출에서 중국의 비중이 미국을 추월한 건 2003년이 처음이었다. 예전에 노 대통령께 "중국이 있기 때문에 물가와 성장은 별로 걱정 안 해도 됩니다"라고 말씀드린 기억이 있다. 그 후 20년이 지났다. 중국의 경제 성장은 둔화하지만 인도, 베트남, 인도네시아 등이 떠오르고 있다. 현재 대외 여건이 어렵지만 잘 대응하면 길이 없는 건 아니라고 생각한다.

　지난 정부에서 국가 채무가 많이 증가하고 재정 여력이 약해진 건 사실이다. 중요한 건 그 돈을 어디에 썼느냐다. 미래를 위한 투자냐, 당장 쓰고 없어지는 소비성 지출이냐 따져 봐야 한다. 무조건 국가 채무가 증가하면 안 된다는 건 아니다. 아직도 수치를 보면 재정 지출을 늘릴 여력이 없지 않다. 이 돈으로 저출산 극복이나 과학기술 진흥처럼 미래를 위한 투자를 해야 한다.

　문재인 정부 시절 출간한 《경제철학의 전환》이란 책에선 노동·투자·토지·왕래의 자유를 제안했다. 그중에서도 이민 정책의 전면 개편을 포함한 '왕래의 자유'를 강조하고 싶다. 저성장·

저출산 문제를 극복하기 위해선 인력과 자본의 자유로운 이동이 중요하다. 세계 최고 수준의 개방으로 이민이 자유로운 나라, 왕래가 자유로운 나라를 만들자고 제안하고 싶다. 일종의 '플랫폼 국가'라고 할 수 있다. 이민 정책의 컨트롤 타워로 이민청 설립도 필요하다고 본다.

공직 생활에서 가장 보람 있었던 일을 꼽는다면 비전 2030 수립과 한미 자유무역협정(FTA) 협상 타결이다. 특히 한미 FTA는 노무현 지지자의 거의 모두가 반대하는 사안이었다. 나는 노 전 대통령이 흔들리지 않게 옆에서 보좌하는 데 애를 썼다. 노 전 대통령도 속으로는 굉장히 걱정이 많았다. 오죽하면 협상 타결 뒤에 "이상하다. 지지율이 왜 오르지"라고 했을까. 한 번도 아니고 세 번이나 그런 말을 했다.

이 책을 보는 독자들은 알겠지만 성공적으로 잘 된 정책보다 그렇지 않은 정책이 더 많았다. 나는 권위주의 정권 시절에 공무원 생활을 시작했다. 그때는 권력이 행정부에 있었고 의회를 별로 걱정하지 않았다. 그러다 어느 순간 정책 결정과 입법의 최종 권한이 의회로 넘어갔다. 우리 정치 환경에선 제대로 된 토론이나 협상, 타협이 부족하다. 그렇더라도 포기하지 말고 대화와 설득에 더 많은 시간과 노력을 쏟아야 했다. 하지만 내게도 권위주의 정권 시절의 관료주의 타성이 남아 있었던 게 아닌가 반성한다.

공무원 생활을 하면서 자리가 바뀔 때마다 거의 모든 자리가 내 능력에 비해 과분하다고 느꼈다. 그런데도 공무원으로서 최고위직까지 올라갔다. 나는 행정 능력뿐 아니라 학문으로도 뛰어난 상관이자 선배 공무원을 많이 만났다. 그들은 한결같이 세상을 바꿔 보자, 좀 더 나은 세상을 만들자는 의욕이 있었다. 그런 이들에게서 많은 가르침을 받았다. 또 내 주변에는 헌신적으로 도와준 동료와 후배도 많았다. 덕이 있거나 친화력이 뛰어난 사람도 아니었는데도 말이다. 결론적으로 능력에 비해 운이 매우 좋았다고 생각한다.

이 책을 내기까지 여러 분의 도움을 받았다. 자격도 되지 않는 필자에게《중앙일보》에 회고록 연재를 권유한 이정재 전《중앙일보》칼럼니스트가 아니었다면 애초에 이 책은 나오지 않았을 것이다. 또 이 책이 세상에 나오게 된 것은 주정완《중앙일보》논설

24

위원 덕분이다. 《중앙일보》 연재에서부터 책이 발간될 때까지 모든 과정을 함께해 줬다. 책 곳곳에서 밝히는 시점 확인부터 인명 확인까지 그의 손길이 이 책 거의 전부에 닿아 있다. 아무리 큰 도움을 받았더라도 이 책에서 발견되는 잘못은 전적으로 필자에게 있다. 마지막으로 기꺼이 출간을 해 준 부키 박윤우 대표에게 감사드린다.

"내가 멀리 봤다면 그건 거인의 어깨 위에 올라섰기 때문이다"라는 말이 있다. '근대 과학의 아버지'로 불리는 영국의 아이작 뉴턴의 명언이다. 나는 이렇게 바꿔 말하고 싶다. 노무현이란 거인의 어깨 위에 올라섰기 때문에 세상을 넓고 높게 볼 수 있었다고.

2023년 9월

변양균

1장

복지국가의 꿈을 꾸다

· 노무현 정부 재정 개혁 ·

변양균 전 청와대 정책실장은 2001년 대선 주자 간담회에서 '서민의 희망'이라는 노무현의 진면목을 보았다고 말했다. 사진은 2005년 4월 21일 변양균 당시 기획예산처 장관(왼쪽)이 노무현 대통령과 대화하며 청와대 본관 세종실로 걸어가는 모습이다. 오른쪽은 김영주 당시 청와대 경제수석. (자료출처: 노무현재단)

'국민을 위한 재정', 그 한마디에 인생을 바꿨다

세상을 바꾸고 싶었던 정치인, 국가 재정의 틀을 바꾸고 싶었던 경제 관료. 노무현 대통령과 나의 인연은 그렇게 시작했다. 2001년 어느 날이다. 정확한 날짜는 기억나지 않지만 그날의 느낌은 지금도 생생하다. 그전엔 전혀 생각지도 못했던 놀라운 광경을 목격했기 때문이다. '서민의 희망'이라는 노무현의 진면목을 대면하는 순간이었다. 자세한 이야기를 풀어놓기 전에 배경 설명이 필요할 것 같다.

당시 나는 기획예산처 재정기획국장을 거쳐 여당인 새천년민주당에서 수석전문위원을 하고 있었다. 수석전문위원은 정권이 바뀌면서 흐지부지된 제도인데 이해찬 민주당 정책위원회 의장이 요구해 부활시켰다. 공무원이 정당에 가려면 형식적으로 사표를 내야 하므로 공무원들은 웬만하면 가고 싶어 하지 않았다. 하지만 나는 자청했다.

　　이렇게 된 데는 사연이 있다. 당시 전윤철 기획예산처 장관이 나를 불렀다. "정부개혁실장(1급 공무원, 차관보급)을 맡아 주시게." 전 장관으로선 굉장한 요직을 제안한 셈이었다. 나는 정중하게 거절하면서 이렇게 말했다. "저는 경상도 출신이라 안 됩니다. 지금 공기업 사장들이 다 누구입니까. 호남 출신의 정권 실세 아닙니까. 개혁이라는 게 필요하면 상대의 목을 날릴 수도 있어야 합니다. 그런데 경상도 출신인 제가 그 사람들을 상대로 개혁이 되겠습니까."

　　처음엔 전 장관이 설득하려고 했다. "아닐세. 내가 강하게 커버(뒷받침)해 줄 테니까 걱정하지 마시게." 전남 목포 출신인 전 장관은 김대중 대통령의 깊은 신임을 받고 있었다. 나중에 청와대 비서실장도 맡았다. 나는 계속 사양했다. "힘없는 사람이 힘 있는 자리에 가면 일을 못 합니다. 장관님이 맨날 직접 챙길 수도 없는 노릇이 아닙니까."

하루 이틀 지나자 한 가지 소문이 들려왔다. 민주당 정책위 수석전문위원으로 파견 나갈 사람을 찾는데 아무도 안 가겠다고 해서 장관이 골머리를 앓는다는 것이었다. 말이 좋아 파견이지 형식적으로는 사표를 내고 공무원 자리를 그만둬야 한다. 나는 장관실로 찾아갔다. "제가 가겠습니다." 전 장관은 무척 반가워했다. 자연스레 정부개혁실장 자리는 없던 얘기가 됐다. 나는 속으로 좀 쉬고 싶다는 생각을 하고 있었다.

당에 와서 보니 딴 세상이 펼쳐지고 있었다. 선거를 앞두고 민주당 대선 주자들이 돌아가며 당직자들에게 밥을 샀다. 차기 대선 후보 경선을 앞두고 중앙당 당직자들의 향배가 중요했던 시절이다. 이인제 상임고문과 김근태 상임고문 등이 밥을 살 때 참석해 봤다. 참석자들은 듣는 둥 마는 둥 했다. 형식적인 박수가 끝나면 각자 식사하기 바빴다. 몇 번 비슷한 일을 겪어 보니 시간 낭비라는 생각뿐이었다.

수석전문위원은 국회의원을 제외하면 당 정책위에서 가장 높은 간부였다. 나는 상석에 앉아 대선 주자들과 이런저런 이야기를 했다. 크게 의미 있는 대화를 나눈 기억은 없다. 내가 기획예산처에서 왔다고 하니 어떤 후보는 엉뚱하게 감사원 얘기를 꺼내기도 했다.

그 무렵 이병완 씨가 나를 보자고 했다. 신문기자 출신인 그는 김대중 정부 초기에 청와대 언론비서관을 지내다가 당에 들어와 있었다. 나중에 노무현 정부에서 청와대 비서실장을 지낸 그는 당시엔 민주당 국가경영전략연구소 부소장을 맡았다.

"노무현 주식을 사세요. 지금이 바닥입니다"

점심을 먹고 길을 걸어가는 중이었다. 이 부소장이 먼저 말을 꺼냈다. "선배님, 주식 좀 아시죠." 나는 이렇게 대꾸했다. "주식시장에 대해서야 좀 알지만 왜 그러십니까." 그는 "아무리 좋은 주식도 비쌀 때 사면 별로 이익이 없지 않습니까. 아주 전망이 좋은 주식이 있는데 가격이 쌀 때 사야 하지 않을까요"라고 되물었다. 그러면서 이렇게 권했다. "노무현 주식을 사세요. 지금이 제일 바닥입니다. 노무현을 적극적으로 도우세요." 말하자면 노무현 후보에게 줄을 서라는 뜻이었다. 속으로 '말도 안 되는 소리'라고 생각하며 넘어갔다. 나중에 청와대에서 같이 근무해 보니 이 부소장은 정치적 감각과 판단이 뛰어난 분이었다.

이런 일도 있었다. 노무현 상임고문의 보좌진이 나에게 연락해 왔다. "노 고문이 좀 뵙고 싶어 합니다." 나는 거절했다. "수석 전문위원이 특정 후보에게만 정책을 설명드리는 건 곤란합니다." 당시는 아직 국민참여경선을 도입하기 전이어서 중앙당 당직자의 힘이 셀 때였다. 다른 사람은 이쪽에 갔다가 저쪽에 갔다가 하는 경우가 있었다. 하지만 공무원 출신인 나는 당에 와서도 공무원 마인드를 버리지 못하고 있었다.

그러던 중 노무현 상임고문이 밥을 산다는 소식이 들렸다. 처음엔 별로 생각이 없었다. 그때 같이 일하던 정 아무개 부장이란 직원이 있었다. 그는 "노 고문이 밥을 사는 날인데 안 가시겠습니까"라고 물었다. 나는 시큰둥하게 답했다. "거기에 뭐 하러 갑니까." 정 부장은 진지한 표정을 하고는 쉽게 물러서지 않았다. "한 번 가 보실 만할 겁니다. 가 보시지요." 생전 그런 말을 하지 않던 사람이었다.

결국 가기로 했다. 식당은 제법 큰 규모였다. 제일 안쪽엔 수석전문위원 자리가 있었다. 다른 대선 주자들과 비교하면 사람이 엄청나게 많았다. 대략 200~300명이 모였다. 어느 순간 입구 쪽에서 웅성웅성하는가 싶더니 '와' 하는 소리가 들려왔다. 노 고문이 등장하면서였다. 고함 소리, 휘파람 소리, 박수 소리가 쏟아졌다. 유명 연예인이 나올 때와 같은 분위기였다. 노 고문이 환호하는 사람들 사이를 뚫고 안쪽으로 들어오는 것조차 상당한 시간이 걸렸다. 정 부장이 왜 꼭 가 보라고 했는지 이유를 짐작할 수 있었다. 다른 세계의 사람, 없는 사람들의 희망, 뭔가 열광적인 분위기를 느낄 수 있었다.

식사 중에 노 고문이 옆자리에 앉은 나에게 말을 걸었다. 국가 재정에 관한 이야기였다. "내가 대통령이 되면 정말 국민을 위한 재정을 쓰고 싶습니다. 아이디어가 부족해 고민입니다." 정치인에게서 '국민을 위한 재정'이란 말을 들은 건 처음이었다. 마음 깊은 곳에서 감동이 일었다. 나는 '톱다운' 방식으로 예산을 편성해야 한다고 했다. "이건 정말 엄청난 개혁을 하지 않으면 안 되는 일입니다. 시스템 자체가 그렇습니다." 내가 이렇게 말하자 노 고문이 짧게 답했다. "알겠습니다. 하여튼 그렇게 좀 할 수 있도록 해 봅시다." 길게 얘기를 나눌 자리가 아니었다.

다음 날 정 부장에게 참석을 권한 이유를 물었다. 그는 조심스러워했다. 자세한 이야기를 들어보니 이해가 갔다. 정 부장은 그야말로 서민층에 속하는 사람이었다. 당시 말단 당직자 봉급은 정말 쥐꼬리였다. 전에는 무료 봉사였는데 여당이 되고 얼마간 봉급이 나오니 그나마 다행이라고 했다.

정 부장 같은 사람의 눈으로 보면 나는 상류층이자 보수의 본

류인 경제 관료였다. 다르게 말하면 가진 자를 대변하는 사람이라고 할 수 있었다. 당연히 반(反) 노무현에 속할 사람으로 예단하는 것도 무리가 아니었다.

'힘들고 가난한 이들의 대리자'

그러면서 학창 시절의 기억이 떠올랐다. 나는 경남 통영에서 태어나 부산에서 초·중·고교를 나왔다. 1969년 대학(고려대 경제학과)에 들어가기 전에는 한 번도 호남을 가 본 적이 없다. 대학 1학년 때 처음 친구와 같이 호남선 기차를 탔다. 최고 등급 기차였는데 타자마자 깜짝 놀랐다. 곳곳에 유리창이 깨져 있었기 때문이다. 경부선 기차와는 달라도 너무 달랐다.

1969년은 박정희 대통령의 3선 연임을 허용하는 개헌으로 온 나라가 시끄러웠던 시절이다. 전남 광주(현 광주광역시)를 거쳐 여수로 가면서 '영남과 호남은 완전히 다른 나라'라고 느꼈다. 당시 김대중 의원이 주장한 호남 푸대접론의 실체를 현장에서 생생하게 느낄 수 있었다.

그때부터 나라가 바로 되려면 호남 사람이 한 번 대통령이 돼야 한다는 생각이 들었다. 1971년 대통령 선거 때는 김대중 후보의 연설을 듣기 위해 서울 장충단 공원에도 갔다. 1998년 김대중 정부가 출범하면서 지역 갈등이 저절로 해소되지 않을까 기대했지만 현실은 그렇지 않았다.

노무현을 처음 만난 날부터 나는 생각이 달라졌다. '전혀 다른 세상 사람들의 지지를 받고 있구나. 그러니까 내가 사는 세상에선 노무현 같은 사람을 모르는 것'이란 느낌이 들었다. 노무현은 억눌리고 힘들고 가난하게 사는 사람들의 희망이자 기대, 대리자라고 할 수 있었다. 훗날 노무현 대통령이 복지국가로 나아가는 초석을 놓는 데 그렇게 심혈을 기울였던 이유가 여기에 있다. 재정과 경제 정책의 틀을 바꿔 보겠다는 작은 희망을 품었던 내가 노무현을 만난 건 보통 인연이 아니었다.

'변양균 말 잘 들으라', 전 부처에 보낸 노무현 메시지

2003년 3월, 기획예산처 차관이 되고 얼마 지나지 않았을 때다. 이광재 청와대 국정상황실장에게서 깜짝 놀랄 만한 연락을 받았다. "전 부처 기획관리실장을 인솔해 청와대로 들어오세요." 공직 사회를 아는 사람이라면 이게 얼마나 파격적 지시인지 이해할 거다. 기획관리실장은 각 부처의 인사와 예산을 총괄하는 자리다. 다른 부처 차관이 오라 가라 할 만큼 만만한 자리가 결코 아니다.

나는 엄청난 부담을 느꼈다. 대강 짐작이 갔다. 노무현 대통령은 김대중 정부에서 해양수산부 장관을 지냈다. 기획관리실장의 중요성을 잘 알고 있었다. 그런 노 대통령이 '앞으로 변양균 차관이 재정 개혁을 주도할 건데 각 부처는 그 말을 잘 들으라'는 메시지를 보낸 것이다. 기획관리실장들과 오찬을 하면서 노 대통령은 '국민을 위한 재정 개혁'을 강력히 당부했다. 참석자 중에는 분위기 파악을 못 하고 엉뚱한 말을 하는 사람도 있었다. 나중에 보니 대통령의 메시지를 잘 알아들은 사람은 차관도 되고 공직 생활에서 대체로 잘 풀렸다.

'톱다운' 방식의 재정 개혁은 노 대통령 취임 전부터 이야기가 돼 있었다. 처음엔 이광재 청와대 국정상황실장으로부터 차관을 건너뛰고 바로 장관을 맡으라는 연락을 받았다. 나는 펄쩍 뛰었다. 그런 식으로 하면 서열과 관례를 중시하는 관료 사회에서 제대로 일할 수 없다고 했다.

지금은 어떤지 모르겠지만 당시엔 '상피제'라는 게 있었다. 같은 지역 출신이 동시에 장관과 차관을 하지 않는다는 원칙이었다. 노무현 정부의 첫 기획예산처 장관(박봉흠)은 PK(부산·경남), 나도 PK였다. 그래서 처음엔 교육인적자원부 차관으로 가라고 했다. 교육 개혁에 앞장서라는 말이었다. 나는 곤란하다고 했다. "차관

혼자 가서 어떻게 개혁을 하겠습니까." 그러자 국세청장을 맡으라고 했다. 나중에 산업은행 총재를 지낸 김창록 씨와도 상의했다. 그는 "국세청장을 마다하는 사람도 있냐"라고 했다. 그러다가 결국 건설교통부 차관으로 가라는 말을 들었다. 정식 발표(2003년 3월 3일)를 하루 앞두고 준비하라는 통보도 받았다. 하지만 막상 인사 명단을 보니 뜻밖이었다. 기획예산처 차관에 내 이름이 있었다.

시간이 지난 뒤 노무현 정부의 초대 청와대 비서실장이던 문희상 전 국회의장에게서 사정 이야기를 들었다. 그는 상피제를 들어 나를 기획예산처 차관에 임명하는 것에 반대했다. 그런데 노 대통령의 뜻이 워낙 강경했다고 한다. "내가 특별히 시킬 일이 있으니 상피제에 상관없이 하시죠."

대통령 말 잘 알아들은 사람은 잘 풀려

정권 초기에 벌어진 이런 일은 노 대통령이 재정 개혁에 얼마나 강력한 의지를 지니고 있었는지 보여 준다. 노 대통령은 힘없고 가난한 사람들에게 희망을 주고 싶어 했다. 대통령이 됐다고 단숨에 이들의 생활을 바꿔 줄 수는 없었다. 우선 돈이 있어야 했다. 더 중요한 건 이 돈을 대통령의 국정 철학에 맞춰 제대로 쓸 수 있는 시스템이었다. "정말 국민을 위한 재정을 쓰려면 반드시 톱다운 제도를 도입해야 합니다." 이는 취임 전부터 노 대통령께 드린 말씀이었다.

노 대통령이 아직 민주당 상임고문이었던 시절에는 이런 일도 있었다. 당시 나는 친정인 기획예산처로 돌아와 기획관리실장을 맡고 있었다. 어느 날 노 고문이 주재하는 저녁 식사에 초대받았다. 다른 부처 기획관리실장까지 서너 명이 모였던 것으로 기억한다. 참석자 중에는 이기우 교육인적자원부 기획관리실장도 있었던 것 같다.

그 자리에서도 노 고문은 재정 개혁을 역설했다. "내가 (정권을) 잡으면 반드시 재정 개혁을 하겠습니다. 지금 재정 쓰는 걸 보면 국민하고 별 관계가 없습니다. 국가의 장래와 국민을 위한 재정이 되어야 합니다." 내가 답했다. "맞습니다. 국민을 위한 재정을 해야 합니다. 그런데 그런 생각만으로는 안 됩니다." 그러면서 이렇게 설명드렸다. "지금 같은 방식으로는 대통령의 국정 철학에 맞춰 예산을 편성하는 게 어렵습니다. 대통령 지시로 특정 사업 예산을 끼워 넣는 게 고작입니다. 처음부터 대통령이 뭔가에 중점을 두고 국정 철학을 구현하려면 톱다운 제도로 바꿔야 합니다."

톱다운이라고 하면 왠지 부정적 느낌이 드는 사람도 있을 것이다. '위에서 아래로' 즉 하향식으로 내려간다는 단어의 의미 때문이다. 반대로 '아래에서 위로' 올라가는 '바텀업'이 민주적인 게 아니냐는 선입견을 가질 수도 있다. 실상은 정반대다. 정부 예산 편성에서 바텀업은 한마디로 전년도 답습주의라고 할 수 있다. 전년도 예산을 기초로 왕창 깎고 나서 항목별로 조금씩 보태는 방식으로 예산을 짠다.

톱다운은 먼저 큰 틀에서 쓸 돈을 정해 놓는다. 우리 용어로는 '총액 배분 자율 편성 제도'라고 한다. 분야별로 예산 총액을 배분한 뒤 세부 항목은 각 부처 자율에 맡긴다. 이렇게 해야 전년도 답습주의를 버리고 대통령의 국정 철학을 반영해 재원배분의 틀을 바꿀 수 있다.

톱다운 예산 편성은 어느 날 갑자기 나온 게 아니다. 예산실 내부에서도 일찌감치 논의가 있었다. 나는 서강대 박사 학위 논문('한국 재정의 지속가능성 분석과 재원배분의 비최적성 치유에 관한 연구')에서 자세한 연구 내용을 담았다. 책에서 배운 걸 현실에 적용하자니 어려운 점이 한둘이 아니었다.

2006년 4월 22~23일 중앙공무원교육원에서 열린 두 번째 재원배분회의장에 들어서고 있는 노무현 대통령과 변양균 정책실장, 한명숙 국무총리. 재원배분회의라는 이름을 붙인 건 2005년이 처음이었고 2007년까지 세 차례에 걸쳐 회의가 이루어졌다. (자료출처: 변양균)

2006년 4월 22~23일 중앙공무원교육원에서 열린 '더 나은 미래를 위한 국무위원 재원배분회의'. 노무현 대통령은 두 번째로 열린 국가재원배분회의 모두발언에서 재원배분의 원칙과 관련 "복지 지출 수준이 낮은 상태에서 고령 사회 진입과 양극화가 빠른 속도로 진행되는데 이런 상황 변화를 반영해야 한다"고 강조했다. (자료출처: 변양균)

스웨덴 재무 담당자 "진짜 배우러 온 게 맞습니까"

2003년 8월 특별 출장팀을 꾸려 스웨덴과 노르웨이를 찾아갔다. 북유럽 선진국에서 톱다운 예산 편성을 배우기 위해서였다. 박수민 서기관, 고영선 한국개발연구원(KDI) 박사가 동행했다. 스웨덴 재무부에서 첫날 미팅은 실망스러웠다. 모든 장관이 참여하는 재원배분회의가 가장 중요한 포인트였다. 그런데 묻고 또 물었지만 속 시원한 답변이 나오지 않았다.

하염없이 시간만 흘렀다. 스웨덴 재무부 담당자가 의아한 표정으로 물었다. "진짜 배우러 오신 게 맞습니까." 미팅이 길어지면 관광할 시간이 줄어드는데 괜찮겠냐는 얘기였다. 그동안 한국 사람이 스웨덴에 어떤 인상을 심어 줬는지 알 만했다. 나는 분명히 말했다. "우리는 관광 하러 온 게 아니라 진짜 배우러 왔습니다."

스웨덴 담당자가 양해를 구했다. 한국으로 치면 예산총괄국장쯤 되는 사람이 얼마 전 퇴직했는데 그 사람을 불러오겠다고 했다. 다음 날 그에게서 들은 설명은 이랬다. 장관들은 외부 접근을 차단한 섬이나 교외에 모인다. 보통은 1박 2일, 경우에 따라선 2박 3일 격렬하게 토론을 벌인다. 장관 수행원이나 배석자가 전혀 없다는 점도 특이했다. 토론 내용은 일체 외부에 공개하지 않는다.

'완전 비공개.' 이게 핵심 중의 핵심이었다. 국가 재원을 배분하다 보면 양보와 타협이 불가피하다. 그런데 이 사실이 외부로 나가면 정치적 문제가 될 수 있다. 예컨대 농림부 장관이 축산 예산 감축에 동의했는데 그게 알려졌다고 치자. 그 장관은 축산 업계에서 거센 항의를 받는 건 물론 정치적으로 매장될 수도 있다.

그래도 궁금증이 남았다. 배석자 없이 장관만 와도 참석자가 한두 명이 아니다. 외부에 전혀 알려지지 않는 게 가능할까. 전직 스웨덴 예산국장의 답변은 간단했다. '퍼머넌트 콘피덴셜 (Permanent Confidential)', 즉 영구 비밀이란 얘기였다. 나는 다시 물었다. "그래도 그게 어떻게 비밀이 유지됩니까." 그는 의아한 표정을 지었다. "영구 비밀이라니까요." 스웨덴은 누구라도 비밀을 누설하면 법적 처벌을 받을 뿐 아니라 배신자로 낙인찍히는 사회였다. 노르웨이에 가서 들은 얘기도 스웨덴과 비슷했다.

"배석자 없이 장관만 참석하라"

귀국 후 노 대통령에게 쭉 보고했다. 이듬해인 2004년부터 우리도 해 보자고 했다. 각 부처에 재원배분회의를 한다고 통보했다. 그런데 3월이 되자 상상도 못 했던 일이 생겼다. 대통령 탄핵 소추라는 초유의 사태였다. 노 대통령의 직무가 정지되고 고건 총리가 권한대행을 맡았다. 대통령의 국정 철학과 비전을 담은 중장기 계획을 대통령 주재 회의를 거치지 않고 만들 수는 없었다. 결국 4월 말에 계획했던 재원배분회의는 취소했다.

첫 회의는 탄핵 정국 종료 후인 2004년 6월 19일 토요일에 열렸다. 정식 명칭은 '2004~2008년 국가재정운용계획 수립을 위한 토론회'였다. 회의를 준비하며 각 부처에서 난리가 났다. 장관이 회의에 가는데 배석자가 한 명도 없는 게 말이 되느냐는 거였다. "아무리 장관이지만 부처 예산을 어떻게 다 알겠습니까." 이렇게 하소연하는 곳이 많았다. 나는 속으로 '자기 부처 예산도 모르는 사람이 어떻게 장관을 한다는 말인가' 하고 생각했다.

우여곡절 끝에 회의를 시작했지만 선진국처럼 잘 되지는 않았다. 의원내각제에선 총리와 장관이 어느 정도 수평적 관계다. 그런데 대통령제에선 대통령과 장관의 차이가 너무 많이 났다. 노 대통령이 아무리 똑똑하다고 해도 모든 부처의 사정을 다 알수는 없었다. 토론이 약간 형식적으로 흘렀다. 첫술에 배부를 수는 없는 노릇이었다.

정식으로 국무위원 재원배분회의라는 이름을 붙인 건 2005

년이 처음이다. 내가 기획예산처 장관을 맡은 뒤다. 경기도 과천 중앙공무원교육원에서 주말(4월 30일~5월 1일)에 1박 2일 일정으로 진행했다. 회의 자료는 미리 참석자들에게 나눠 줬다. 장관들은 과외 공부를 하듯 열심히 준비해서 참석했다. 다만 대통령까지 함께 숙박하는 건 경호실에서 난색을 보였다. 노 대통령은 첫날 밤 청와대에 돌아갔다가 다음 날 아침에 다시 왔다.

이런 식의 국무위원 재원배분회의는 2007년까지 세 차례에 걸쳐 이루어졌다. 이후 정권이 바뀌면서 이름도 재정전략회의로 변경되고 톱다운 방식도 유명무실해졌다. 참으로 아쉬운 일이다. 어쨌든 당시에는 재정 개혁을 향한 큰 고비를 하나 넘었다는 생각이었다. 그러나 더 어렵고 중요한 숙제가 남아 있었다. 앞으로 10년, 20년, 더 나아가 30년 정도 나라가 쓸 돈이 얼마나 되는지 계산해 보는 일이었다. 국가 재정의 작동 시스템을 근본적으로 바꾸기 위해선 꼭 필요한 작업이었다.

'2030년 복지국가의 꿈',
야당과 언론 설득 못 해 좌절

2006년 8월 30일, 마침내 '비전 2030'을 세상에 내놓았다. 이날 기획예산처 보도자료 제목은 '비전 2030—함께 가는 희망한국'이었다. 노무현 대통령이 정부 중앙청사 별관에서 직접 보고대회를 주재했다. 구체적 내용은 장병완 기획예산처 장관이 발표했다. 나는 보고서 작성 마무리 단계였던 2006년 7월 청와대 정책실장으로 자리를 옮긴 상태였다.

'전 국민이 집 걱정, 병원비 걱정, 먹거리 걱정 없는 사회를 건

설한다. 2010년대에는 선진국에 진입한다. 2030년 1인당 국내총생산(GDP)은 8만4000달러로 2005년 스위스와 비슷한 수준에 이른다. 2030년 삶의 질은 세계 10위로 2005년 미국(14위)을 앞선다.'

당장 야당과 언론은 물론 여당까지 들고 일어났다. "천국을 꿈꾼다" "환상이다" 하는 온갖 비난이 쏟아졌다. 재원 논란이 크게 불거졌다. 2030년까지 1100조 원(물가상승 반영한 경상가격)을 투입한다고 한 게 화근이었다. 도박 게임 '바다이야기'에 빗대 일확천금을 노리는 도박이나 마찬가지라고 꼬집는 신문 만평도 있었다.

야당인 한나라당 유승민 의원은 "이대로 정책을 추진한다면 현재의 20대와 30대는 세금 폭탄 선언서를 받은 것이나 다름없다"고 비판했다. 여당인 열린우리당 강봉균 정책위원회 의장마저 "토론 자료로만 삼을 내용"이라며 "이번 정부에선 아무것도 할 게 없다"라고 발을 뺐다.

결국 재원 조달에 대해선 "국민이 세금을 더 낼지, 국채를 발행해 조달할지 의견을 수렴해야 한다"고 물러섰다. 그러지 말았어야 했다. 세금을 올리든지, 국채를 찍든지, 지출 구조조정을 하든지, 이렇게 세 가지 방법이 있다. 셋 다 할 수도 있다. 이중 어느 것을 택하겠느냐며 국민에게 적극적으로 물었어야 했다. 나는 속으로 부가가치세를 올려 재원을 마련해야 한다고 생각했다.

2006년 2월 27~28일 서울교육문화회관에서 한국개발연구원이 주관한 국가 비전 종합 워크숍. 비전 2030은 노무현 정부의 역작으로, 수많은 사람의 노력으로 만든 결과물이다. (자료출처: 변양균)

저자는 기획예산처 장관이 되고 여섯 달 뒤인 2005년 7월 '비전 2030 수립을 위한 민간작업단'을 발족했다. 기획예산처에선 김동연 재정전략기획관, 이창호 재정전략실장이 참여했다. 1년 남짓한 기간에 100회 정도 독회를 했다. (자료출처: 변양균)

'노인이 폼 나는 사회'가 선진국

지금도 후회되는 게 여론전에 대비하지 못했다는 점이다. 야당과 언론의 거센 공격을 예상하고 미리 대응했어야 했다. 콘텐츠 생산에만 힘을 쏟다가 유통에서 실패한 꼴이었다. 비전 2030은 지금 봐도 정말 잘 만들었다. 정부 수립 이후 최초의 정부 장기 계획서였다. 국가가 돈을 어떻게 써서, 나라를 어떻게 만들고, 세상을 어떻게 바꾸겠다고 얘기한 계획서였다.

허황한 것도 아니다. 2030년이 되면 2005년의 스위스를 따라잡는다. 2020년에는 2005년의 일본 정도는 간다. 이게 목표였다. 천국을 꿈꾸는 게 아니라 이 정도도 못 하면 안 되는 거였다. 물가와 환율을 반영한 구매력평가(PPP) 기준으로 하면 이미 2020년에 1인당 GDP에서 한국은 일본을 추월했다. 비전 2030은 허황하기는커녕 너무 보수적인 계산이었다.

선진국이란 무엇인가. 비전 2030을 만드는 과정에서 노 대통령을 자주 만났다. 격식을 차리기보다 편안하고 자유로운 분위기에서 논의를 많이 했다. 서로 의견일치를 본 게 있다. 바로 '노인이 폼 나게 사는 사회'와 '시골과 도시의 격차가 없는 나라'였다. 노 대통령이 취임 후 외국에 가 보니까 노인들의 옷차림이 깔

끔하고 점잖은 게 눈에 확 들어왔다고 했다. 내 경험도 비슷했다. 선진국에도 거지는 있지만 노인이 거리에서 구걸하는 건 보지 못했다. 선진국 농촌에 가 보면 도시와 큰 차이가 없는 문화생활을 하고 있다.

선진국은 1인당 GDP만 높다고 되는 게 아니다. 경제 성장과 함께 사회·문화·제도가 따라가야 선진국이 될 수 있다. 그래서 비전 2030에 담은 핵심 내용이 사회적 자본(Social Capital)이다. 사회적 자본의 첫 번째 조건은 규율과 신뢰다. 정부의 정책 보고서에 사회적 자본을 명시한 건 비전 2030이 처음이었다.

스위스를 굳이 비교 국가로 집어넣은 건 노 대통령의 뜻이었다. 노 대통령은 굉장히 세부적인 것까지 관심을 갖고 의견을 냈다. "우리가 본받아야 할 모델 국가를 하나 선정합시다." 노 대통령은 모델 국가 선정을 몇 번이나 다그쳤다. 결국 충분한 뒷받침을 하지는 못했다. 아무리 연구하고 토론해도 딱 한 나라를 고르기는 어려웠다.

박정희 정권은 경제개발 5개년 계획을 추진했다. 김영삼 정권은 집권 4년 차인 1996년 '21세기 경제 장기 구상'을 내놓았다. 비전 2030은 이런 것과는 다르지만 사람들은 이걸 비슷하다고 생각한다. 물론 그렇게 만든 것도 잘못이었다.

김근태 장관 "선거 지려고 작정했나"

톱다운 예산 편성을 위해선 궁극적으로 장기 계획이 있어야 한다. 그게 비전 2030이었다. 정부가 20년 장기 계획을 세운 건 처음이었다. 장기적인 GDP 성장률, 1인당 GDP 전망치를 따져본 것도 처음이다. GDP 장기 추계를 내는 게 특히 어려웠다.

GDP 계산을 총괄한 건 최재영 기획예산처 재정분석과장이었다. 국가가 공식 자료를 내면서 25년 뒤 GDP까지 계산하는 건 굉장히 용감한, 이를테면 겁이 없는 행위였다. 사실 이 부분에 대해 가장 심하게 공격받을 줄 알았다. 이 숫자를 두고는 되레 아무도 말이 없었다.

비전 2030 발표를 앞두고 2006년 8월 초 청와대에서 당정회의를 했다. 강봉균 정책위 의장과 김근태 보건복지부 장관이 가장 강하게 반대했다. 김 장관은 "이런 걸 내놓고 선거 지려고 작정했느냐"고 몰아붙였다. 그래서 원래는 '정부 2030 계획'이었던 제목을 비전 2030으로 바꿨다. 보고서엔 "정부·민간 합동작업단이 만든 비전 2030 시안"이란 말을 넣었다. 한명숙 총리가 중재해서 집어넣은 문구다. 완성된 계획이 아니고 시안이고 토론 자료라는 식으로 에둘렀다.

비전 2030은 노무현 정부의 역작이다. 나 혼자 한 게 아니라 수많은 사람의 노력으로 만든 결과물이다. 내가 기획예산처 장관이 되고 여섯 달 뒤인 2005년 7월 '비전 2030 수립을 위한 민간작업단'을 발족했다. 50개 정책 과제를 설정해 7개 분과를 만들었다. 기획예산처에서 40여 명, 한국개발연구원(KDI)·조세연구원·산업연구원 등에서 전문가 60여 명, 이렇게 총 100여 명이 참여했다.

기획예산처에선 김동연 재정전략기획관, 이창호 재정전략실장이 총대를 멨다. 1년 남짓한 기간에 100회 정도 독회를 했다. 100회 중 50회는 장관인 내가 직접 참석했다. 장관으로서 나는 이 일을 최우선 순위에 두었다. 대통령 보고는 13회를 했다. 공식 보고 3회, 서면 보고가 10회였다. 대통령이 이렇게 많이 보고를 받았다는 건 정말 이 일에 큰 비중을 뒀다는 뜻이다.

노 대통령은 왜 그렇게 비전 2030에 깊은 관심을 가졌을까. 노 대통령은 취임 후 각종 위원회를 두고 미래의 로드맵을 많이 그렸다. 그런데 위원회가 내놓은 로드맵은 그야말로 '뜬구름 잡기' 식이었다. 반면에 비전 2030은 실제 어디에 얼마만큼 돈을 쓰느냐를 세부적으로 적시했다. 노 대통령으로선 복지국가를 향한 청사진이 구체화하는 느낌을 비전 2030에서 받았을 것이다.

큰 실패에 이어 큰 교훈도 얻었다. 내용 못지않게 소통이 중요하다는 것이었다. 보고서 내용만 충실하게 잘 만들려고 한 게 패착이었다. '잘 만들면 잘 받아들여지겠지.' 이런 섣부른 생각이 비전 2030을 망쳤다. 발표 전에 당정 협의도 열심히 하고 야당도 찾고 시민단체도 설득했어야 했다. 정치 지형에 대한 고려도 부족했다. 노무현 정부 들어 여야 대치가 치열해졌다. 그런 변화를 잘 살폈어야 했다. 내부 독회를 왜 100회나 했던가. 독회는 50회만 하고 나머지 50회의 힘과 정성은 소통에 쏟았어야 했다. 글을 잘 다듬고 숫자 하나 틀리지 않으면 뭐 하겠나. 좋은 정책을 내놓는 것보다 제대로 알리고 공감을 끌어내는 게 더 중요했다.

언론에도 미리미리 설명했어야 했다. 충분한 사전 설명과 소통 없이 달랑 발표부터 하니 언론도 인상 비평만 할 수밖에 없었다. 이렇게 큰 교훈을 얻었지만, 실패를 만회할 시간은 이미 저 멀리 달아나고 있었다.

"극우의 나라에서 보수, 중도 진보의 나라로"

노무현 대통령은 퇴임 후에도 비전 2030에 대해 깊은 아쉬움을 드러냈다. 노 대통령의 유고와 육성 회고를 담은 《성공과 좌절》이란 책에서다. 그는 "비전 2030은 국민에게 인사도 못 하고 보수화의 바람에 묻혀 버렸다. 진보 언론도 적극적으로 소개하려고 하지 않았다"라고 적었다. 특히 복지 재정 확대를 향한 이념적 지향을 비전 2030에서 찾았다. 노 대통령은 "(비전 2030의) 목표는 2020(년)까지 극우의 나라에서 보수의 나라로, 2030(년)까지 중도 진보의 나라로 가자는 것"이라며 "국민에게 제대로 전달도 되지 않았을 것"이라고 했다.

2장

투명하고 공정한 시장을 위하여

·노무현 정부 경제 정책·

2007년 4월 2일 노무현 대통령이 청와대에서 대국민담화를 통해 한미 FTA 타결에 대한 상세한 입장을 밝히고 있다. 대통령 좌측으로부터 권오규 국무총리 대행, 김현종 통상교섭본부장, 김종훈 한미 FTA 한국 측 수석대표, 윤대희 경제정책수석비서관, 김용덕 경제보좌관. (자료출처: 노무현재단)

한미 FTA 고의로 결렬?
말도 안 되는 음모론과 싸웠다

2007년 3월 말이다. 하루하루가 살얼음판 같았다. 한미 자유무역협정(FTA) 협상 때문이었다. 협상 마감 시한이 코앞이었다. 마지막 협상장은 서울 남산 하얏트호텔이었다. 우리 대표단은 미국 측과 팽팽한 줄다리기를 하고 있었다. 호텔 바깥엔 협상 반대 시위대가 몰렸다.

김현종 통상교섭본부장이 청와대로 들어왔다. 노무현 대통령에게 최종 협상 경과를 보고했다. 청와대 정책실장이던 나도 배석했다. 보고 내용을 살펴보고 깜짝 놀랐다. 너무 황당했다. 김 본부장이 가져온 안에는 '협상 결렬'이 들어 있었다. 협상을 더 해보다가 정 안 되면 우리 쪽에서 결렬을 선언하자는 식이었다. 시중에 떠도는 음모론과 사실상 같은 맥락이었다.[*]

나는 벌컥 화를 냈다. "이게 말이 됩니까. 이 부분은 빼라고 했는데 왜 그대로 가져왔습니까. 우리가 진정성도 없이 정략적으로 했다는 겁니까." 협상을 하다 보면 상대를 압박하기 위해 결렬 가능성을 내비칠 수도 있다. 그건 협상 전술일 뿐이다. 그런데 김 본부장의 안은 전술적 카드가 아니었다. 실제로 협상을 결렬시킬 수도 있다는 거였다. 나는 "있을 수 없는 일"이라고 목소리를 높였다.

대통령 앞에서 이렇게 흥분하기는 처음이었다. 담당 장관이 대통령에게 보고할 때 정책실장이 끼어드는 건 삼가왔다. 대통령

---

[*] 한미 FTA 음모론에 대한 김현종 전 통상교섭본부장의 설명은 크게 다르다. 그는 《김현종, 한미 FTA를 말하다》에서 "(음모론에 대해) 노 대통령은 어떻게 국가원수가 그런 위험한 게임을 할 수 있겠느냐고 말했다. 깨기 위해 협상을 한다는 것은 한마디로 말도 안 되는 난센스인데, 이러한 음모론이 협상 기간 내내 회자됐다"고 썼다. 그러면서 "노 대통령은 '내가 고의적으로 한미 FTA를 깰 것 같으면 김현종 본부장이 가만있겠나'라는 말까지 하면서 한미 FTA에 대한 확고한 의지를 표명했다"고 덧붙였다.

을 모시는 참모로서 그 나름의 원칙이었다. 하지만 이날은 예외였다.

통상 정책실장은 사전에 대통령 보고 내용을 전달받는다. 정식 보고 전에 정책실장을 거쳐서 가져오라는 건 노 대통령 지시였다. 엉뚱한 보고로 시간을 낭비하지 말자는 뜻도 있었다. 대통령 보고에 앞서 전 김 본부장이 가져온 자료에도 '협상 결렬' 안이 있었다. 그때도 나는 크게 화를 냈다. "협상을 어떻게든 성공시킬 생각을 해야지 이게 무슨 전략입니까. 이건 대통령 뜻에 맞지 않으니 반드시 빼세요." 그런데도 김 본부장은 대통령 보고에 같은 걸 다시 들고 왔다.

"결렬되면 저를 포함 네 명을 자르시라"

당시 시중엔 이런 말이 돌았다. 노무현 정부가 한미 FTA 협상 마지막 순간에 판을 깬다. 미국이 도저히 받아들일 수 없는 조건을 제시하는 것이다. 모든 책임은 미국에 돌리고 협상 결렬을 선언한다. 지지 세력엔 엄청난 인기를 끌 거고 일반 국민에게도 배짱이 대단한 사람으로 보일 것이다. 그러면 지지율이 쑥 올라가 정치 판세를 한 번에 뒤집을 수 있다는 것이었다.

시중 루머는 전혀 사실이 아니다. 노 대통령은 그런 졸렬한 수를 쓰는 사람이 결코 아니었다. 노 대통령에겐 한미 FTA가 궁극적으로 우리 경제에 이익이라는 확신이 있었다. 인류 역사를 보면 개방하지 않는 나라는 다 망했다. 물론 개방한다고 반드시 성공한다는 건 아니다. 그렇다고 시도조차 해 보지 않고 나라가 망하는 길로 갈 수는 없다. 이게 노 대통령의 확고한 역사관이었다. 노 대통령은 또 대륙 세력과 해양 세력의 차이도 말했다. 강대국의 속성은 비슷하다. 다만 역사적으로 보면 대륙 세력이 남의 나라를 지배하는 방식이 더욱 혹독했다고 했다.

그래도 굴욕적인 협상 타결은 안 된다. 협상이 깨질 가능성은 얼마든지 있었다. 우리가 절대 받아들일 수 없는 걸 미국이 끝까지 고집한다면 말이다. 음모론자들은 당장 "그러면 그렇지"라며 의기양양할 게 뻔했다. 꼭 음모론 때문이 아니더라도 협상 결렬의 대비책은 있어야 했다.

나는 노 대통령에게 건의했다. "협상이 결렬되면 즉각 네 명을 해임하십시오. 자진 사표가 아니라 결렬 책임을 물어 해임하셔야 합니다. 그러지 않으면 음모론에서 벗어날 수 없습니다." 여기서 네 명은 정책실장인 나, 권오규 경제부총리, 박홍수 농림부 장관, 김현종 통상교섭본부장이다. 경제부총리는 한미 FTA를 총지

휘하고 주도한 자리였다. 한덕수 경제부총리 시절에 한미 FTA의 시동을 걸었고 권 부총리가 이어받았다. 만일 협상이 결렬됐다면 농업 분야에서 우리가 끝까지 양보하지 않았기 때문이었을 것이다. 그러니 농림부 장관에게도 책임을 물으라고 했다.

대통령에게 물어볼 필요도 없었다 "안 됩니다"

협상 타결 전날인 2007년 4월 1일의 일이다. 초조한 마음으로 협상 결과를 기다렸다. 밤이 깊어 갔다. 노 대통령에게 먼저 주무시라고 하고 사무실에 앉아 있었다. 오후 10시쯤인가 11시쯤인가 한덕수 총리(정식 취임은 2007년 4월 3일)에게서 다급한 전화가 왔다. "백악관에서 연락이 왔습니다. 최종 조건으로 세 가지를 제시했습니다. 이것만 우리가 받으면 즉각 협상을 타결하겠답니다."

노 대통령이 한 총리를 발탁한 이유 중 하나가 한미 FTA 협상이었다. 그는 김대중 정부 시절 초대 통상교섭본부장을 맡았다. 노무현 정부에선 총리실 국무조정실장(장관급)과 경제부총리를 거쳐 한미 FTA 체결 지원위원장 겸 대통령 특보를 지냈다. 한 총리는 미국의 진짜 요구사항을 전달하는 통로 역할도 했다. 그날 미국이 제시한 세 가지가 뭐였는지는 자세히 기억이 안 난다. 소고기는 아니었고 자동차 관련이었던 것 같다. 어쨌든 노 대통령과는 이미 얘기가 다 되어 있던 내용이었다. 설사 협상이 결렬되더라도 양보할 수 없는 것들이었다.

곧바로 "안 된다"고 할 수는 없었다. 심사숙고하는 것처럼 보여야 했다. 1시간쯤을 흘려보냈다. 한 총리에게 전화를 걸었다. "대통령께서 안 된다고 합니다." 사실 노 대통령에겐 물어보지도 않았다. 굳이 밤늦게 대통령을 깨울 필요도 없는 사안이었다.

국회 비준은 "지지층의 지지를 잃는 일"

나는 속으로 자신이 있었다. 정작 급한 건 우리가 아니라 미국이었다. 조지 W. 부시 미국 대통령은 이제까지 내세울 만한 업적이 별로 없었다. 국내 정치는 엉망이고 대외 정책에서도 비난을 많이 받았다. 한국 정도 되는 큰 나라와 FTA는 하나도 못 했다.

부시로선 한미 FTA가 마지막 기회라고 할 수 있었다. 2007년 상반기는 부시에게 중요한 고비였다. 미국 의회가 대통령에게 부여한 무역협상촉진권한(TPA)의 종료 시한이었다. 이때까지 협상을 타결하지 못하면 사실상 빈손으로 임기를 마쳐야 했다. 그러니 한미 FTA 타결에 매달릴 수밖에 없다고 봤다. 노 대통령도 나와 같은 판단이었다. 협상이 진행되는 동안 미국 대사관에서 나를 면담하고 싶다는 요청도 들어왔다. 나는 거절했다. "협상은 협상팀하고 해야지 나하고 할 생각은 말라"는 뜻이었다.

결국 포기한 건 미국이었다. 4월 2일 새벽 1~2시에 연락이 왔다. 협상 타결 소식이었다. 미국으로선 대단한 양보를 한 셈이었다. 뒤집어 보면 우리에겐 무척 유리한 결과였다. 당시엔 이런 점을 공개적으로 자랑할 수 없었다. 협상은 상대가 있다. 우리가 많이 가져왔다는 건 거꾸로 상대가 많이 양보했다는 뜻이다.

짐작건대 미국 협상 실무자들은 커다란 좌절감을 느꼈을 것이다. '우리가 한국에 이렇게까지 양보해야 하나. 이게 다 부시 때문이다.' 이렇게 생각했을 것 같다. 예컨대 픽업트럭처럼 미국이 절대 양보할 수 없을 것이라고 봤던 부분까지 양보했다. 아니나 다를까, 그 후 미국은 새 대통령이 취임할 때마다 한미 FTA 재협상을 요구했다. 버락 오바마 대통령도 도널드 트럼프 대통령도 그랬다.

한미 FTA는 미국과의 협상 타결로 끝이 아니었다. 산을 하나 넘으니 또 다른 산이 기다리고 있었다. 바로 국회 비준이었다. 그러자면 국내 반대 세력을 설득해야 했다. 문제는 그들이 대개 노대통령의 지지 세력이란 점이다. 정치적 부담이 컸다. 노 대통령 임기 안에 국회 비준을 마무리하려면 큰 희생을 각오해야 했다.
바로 지지 세력의 지지를 잃는 것이었다.

노무현은 세 번 물었다,
"지지율이 왜 오르지"

2007년 4월 3일, 한미 자유무역협정(FTA) 협상 타결 다음 날이었다. 노무현 대통령이 각 부처 장차관을 불렀다. 후속 대책을 논의하기 위해서였다. 회의는 청와대 영빈관에서 워크숍 형태로 진행했다. 청와대 정책실장이던 나도 참석했다.

김영주 산업자원부 장관에 이어 박홍수 농림부 장관이 보고했다. 노 대통령의 표정이 좋지 않았다. 속으로 조마조마했다. 정부 직제상 뒤에 있었던 김성진 해양수산부 장관의 차례였다. "명

태와 민어 어업에 엄청난 피해가 우려됩니다." 노 대통령이 물었다. "명태잡이 어민이 몇 명입니까." 김 장관이 답했다. "원양은 700명 정도 됩니다."

바로 불똥이 떨어졌다. 노 대통령이 목소리를 높였다. "어떻게 700명을 가지고 어업계의 큰 피해라고 보고합니까. 이런 안이한 자세로 국회 비준을 받을 수 있겠습니까. 과장된 피해 보고는 그만하고 경쟁력 강화 대책에 집중하세요." 평소 노 대통령에게 보기 어려운 모습이었다. 썰렁한 분위기에서 회의가 끝났다.

내 잘못이 컸다. 노 대통령에게도 김 장관에게도 미안했다. 나는 노 대통령이 한미 FTA에 얼마나 노심초사하는지 알고 있었다. 특히 지지자들의 반대를 힘들어했다. 그는 장차관들이 앞장서서 이해 당사자들을 설득하길 바랐다. 그런데 상황은 거꾸로 갔다. 각 부처는 피해 규모를 부풀렸고 피해 지원용 예산 따내기 경쟁을 벌였다. 장관들의 보고에 노 대통령이 답답해할 만했다. 이런 일이 벌어지게 내버려 둔 건 내 잘못이었다. 미리 각 부처에 경쟁력 강화 대책을 중점 보고하라고 전달했어야 했다.

4월 12일 2차 워크숍을 열었다. 회의에 앞서 노 대통령에게 건의했다. "김 장관이 야단을 맞은 게 신문에도 나고 장관 체면이 말이 아닙니다. 해명 겸 격려 말씀을 해 주시면 좋겠습니다." 노 대통령도 불쑥 화를 낸 게 미안했던 것 같다. 회의 모두발언에서 김 장관에게 사과했다. "지난번엔 나 때문에 피해를 보게 해서 미안합니다." 김 장관은 별일 아니란 듯이 응수했다. "학생이 공부 잘하라고 질책받은 것으로 생각합니다." 노 대통령은 한 번으로는 부족하다고 생각했는지 다시 사과했다. "해수부 장관은 중소기업청장 때 일을 열심히 하고 좋은 성과를 내서 장관으로 발탁되신 분입니다. 난데없이 벼락을 맞게 해서 미안합니다."

어공만으로 청와대 안 굴러갑니다

노 대통령은 왜 김 장관에게 두 번 사과했을까. 개인 성품도 작용했지만 다른 사연도 있다. 김 장관은 '늘공'(직업 공무원)의 대표 주자다. 2003년 봄, 노무현 정부 출범 초기의 청와대는 이른바 '어공'(어쩌다 공무원)으로 채워졌다. 실장과 수석급만 그런 게 아니었다. 비서관과 행정관까지 모두 정치권에서 들어간 사람들이었다. 당시 대통령 측근은 직업 공무원인 '늘공'을 불신했다. 청와대 경제 참모 중 늘공은 한 명도 없었다. 김영삼 정부나 김대중 정부 때와는 딴판이었다.

당시 나는 기획예산처 차관이었다. '이러면 안 되는데' 하는 고민이 많았다. 어느 날 기회가 왔다. 이광재 청와대 국정상황실장을 따로 만났다. "어공으로만 청와대를 운영하면 안 됩니다. 정치적 색채가 없는 테크노크라트(전문 기술 관료)를 활용해야 합니다. 실무 능력은 늘공이 어공보다 뛰어납니다." 그러면서 두 사람을 추천했다. 박봉흠 기획예산처 장관과 김성진 국장(기획예산처 사회예산심의관)이다. "시범 케이스로 우선 한 명을 청와대에서 써 보시죠. 김 국장을 강력히 추천합니다."

김 국장은 2003년 7월 정책관리비서관으로 청와대에 들어갔다가 얼마 뒤 산업정책비서관으로 옮겼다. 노 대통령은 그의 업무 능력을 눈여겨봤다가 몇 년 뒤 해수부 장관에 발탁했다. 늘공이 대규모로 청와대에 들어가게 된 것도 그때부터다. 박봉흠 장관은 이듬해인 2004년 1월 청와대 정책실장으로 임명됐다. 그는 뛰어난 능력을 발휘하며 총리 물망에도 올랐다. 하지만 건강 문제(대장암 수술)로 사양하고 정책실장도 아쉽게 물러났다.

"언론 인터뷰만은 하지 말아 주세요"

다시 한미 FTA 협상 타결 직후다. 노 대통령이 불쑥 말을 꺼냈다. "이상하다. 왜 지지율이 상승하지." 한 번도 아니고 세 번이

나 비슷한 얘기를 했다. 나는 속으로 어이가 없었다. '아니, FTA를 타결하면 당연히 지지율이 올라가지 떨어질 리가 있나.'

그런데 왜 노 대통령은 반대로 생각했을까. 그만큼 지지자들의 한미 FTA 반대에 노 대통령이 마음고생을 많이 했기 때문일 것이다. 노 대통령은 개방은 거스를 수 없는 대세이지만 정치적으로는 손해를 감수한다는 인식이 강했다. '이제 협상을 타결했으니 지지 세력이 확 떨어져 나가겠지.' 그게 노 대통령의 짐작이었다.

한미 FTA 반대론자들은 협상 기간 내내 이렇게 공격했다. "자기 편도 제대로 설득하지 못하면서 무슨 협상이냐." 심지어 청와대 출신도 FTA 반대쪽에 선 경우가 있었다. 초대 정책실장을 지낸 이정우 경북대 교수가 그랬다. 어느 날 청와대 근처 식당으로 이 전 실장을 초청했다. 두 번째 정책실장을 맡았던 박봉흠 전 장관이 자리를 만들었다.

술잔을 앞에 두고 셋이 찬반 격론을 벌였다. 나와 박 전 장관이 간곡히 부탁했다. "대통령을 가까이 모셨던 분이 공개적으로 대통령 정책에 반대하면 되겠습니까." 이 전 실장은 물러서지 않았다. 내가 다시 말했다. "이것만이라도 들어주시면 안 되겠습니까. 언론 인터뷰는 하지 말아 주세요." 그제야 이 전 실장도 동의했다. 그나마 다행이었지만 이 전 실장의 반대는 두고두고 굉장한 부담이었다.

청와대 직원 중에도 반대하는 사람이 꽤 있었다. 현직이라서 공개적으로 나서지 않을 뿐이었다. 이 사람들도 설득해야 했다. 당시 '상춘포럼'이란 청와대 내부 공부 모임이 있었다. 2006년 10월 25일이었다. 내가 강연자로 나섰다. "전 세계가 미국 시장에서 경쟁하고 있습니다. 조금이라도 유리한 위치를 차지하려면 FTA를 꼭 해야 합니다." 강연 한 번에 그들의 생각을 바꿀 수는 없을 것이다. 그렇다고 손 놓고 있을 수는 없었다. 할 수 있는 건 다 해봐야 했다.

"20년 전 일 문제 삼으면 유능한 인재 못 써"

한미 FTA 협상 타결 후 시급한 과제는 국회 비준이었다. 노 대통령 임기 만료(2008년 2월 24일) 전 국회 통과가 목표였다. 시간이 많지 않았다. 사람을 바꿔야 했다. 국회에서 말이 통하는 사람, 정무 감각이 뛰어난 사람을 찾아야 했다.

노 대통령에게 두 사람의 교체를 건의했다. 김현종 통상교섭본부장과 박홍수 농림부 장관이었다. 김 본부장은 뛰어난 협상가

이지만 그 때문에 되레 일부 의원의 집중 공격 대상이 됐다. 장관급으로는 비교적 젊은 나이(40대)와 유능함이 우리 국회 분위기에선 오히려 단점일 수 있었다. 본인 희망을 존중해 주유엔 대사로 가게 했다.

후임에는 김종훈 한미 FTA 협상 수석대표가 적임자라고 봤다. 그는 당시 50대 중반의 노련한 외교관이었다. 수석대표로 협상 내용도 꿰뚫고 있었다. 노무현 정부의 세 번째 통상교섭본부장을 맡은 그는 이명박 정부에서도 유임됐다. 장관급으로는 드문 경우다.

박 장관은 한국농업경영인중앙연합회(한농연)란 농민단체 출신이다. 농민 지도자로 존경받는 분이지만 농민들의 FTA 반대를 극복하고 의원들을 설득하는 데에는 한계가 있었다. 그 자리에는 임상규 국무조정실장(장관급)을 추천했다.

한미 FTA의 국회 비준을 지원하기 위해 민관합동위원회(한미 FTA 국내대책위원회)도 구성했다. 정부에선 한덕수 총리가 위원장을 맡았다. 민간 공동위원장을 누가 하느냐가 쉽지 않았다. 그때 내가 간곡히 부탁했던 사람이 어윤대 고려대 총장(경영학 교수)이었다. 그런데 청와대 민정수석실에서 반대 의견이 나왔다. 1980년대 아파트를 사고파는 과정에서 석연치 않은 부분이 있다는 것이었다. 나는 강하게 나갔다. "20년 전 일을 지금 잣대로 재단하면 어떻게 유능한 인재를 쓸 수 있겠습니까." 결국 노 대통령에게 얘기해 어 총장의 공동위원장 영입을 성사시켰다.

미국과의 추가 협의를 거쳐 한미 FTA 비준안을 국회에 제출한 건 2007년 9월 7일이었다. 사흘 뒤 나는 정책실장 자리에서 물러났다. 내 개인 스캔들이 일파만파 커지면서 노무현 정부의 국정 운영이 차질을 빚을 정도였다. 떠나는 게 최선이었다. 노 대통령이 나를 불렀다. "관저 뒷산으로 같이 산책이나 갑시다." 숲 속 벤치에 단둘이 앉았다. 나는 너무 죄송해서 말도 못 하고 노 대통령의 위로만 들었다.

그렇게 청와대를 떠나게 되자 한미 FTA에 대해 더 이상 어떻게 할 수가 없었다. 노 대통령 임기가 끝날 때까지 FTA 비준안은 국회 문턱을 넘지 못했다. 새 정부 들어 상황은 더 나빠졌다. '광우병' 파동으로 극심한 혼란을 겪고 있었기 때문이다. 한미 FTA 비준안은 협상 타결 후 4년이 지난 2011년 11월에야 국회를 통과했다.

2011년 11월 22일 오후 질서유지권과 경호권이 발동된 상황에서 정의화 국회부의장이 국회 본회의에서 한미 FTA 비준안 통과를 선언하고 있다. 국회 본회의장에 최루탄을 터트리는 등 야당 의원들이 강력히 반발하는 상황에서 여당인 한나라당의 주도로 비준안이 통과됐다. 재적의원 295명 중 170명이 참석한 가운데 찬성 151명, 반대 7명, 기권 12명이었다. (자료출처: 연합뉴스)

헬기 안 노무현의 밀명,
"전경련 대항 세력 만듭시다"

2006년 10~11월 무렵이었다. 거창하게 말하면 노무현 대통령의 '밀명'을 받았다. 헬기 안에서 단둘이 있는 자리였다. '기존 재벌의 질서를 깨뜨려 보자. 그러기 위해 전국경제인연합회(전경련)에 대항하는 집단을 만들어 보자.' 요약하면 이런 얘기였다.

노 대통령은 청와대에서 외부 행사에 다녀올 때 헬기를 자주 이용했다. 정책실장인 내가 대통령 옆자리에 앉는 일이 가끔 있었다. 어느 날 노 대통령이 은밀히 말을 꺼냈다. "현재 전경련은 재벌 가족의 사교 클럽이 아닙니까. '진짜 전경련'이 필요하지 않겠습니까." 처음 지시할 때도, 나중에 다시 확인할 때도 헬기 안이었다.

왜 하필 헬기였을까. 그때는 그냥 그런가 보다 여겼다. 그러나 돌이켜 생각하니 그게 아니었다. 노 대통령이 도청 가능성을 염려했을지 모른다는 생각이 든다. 재벌의 막강한 힘을 고려하면 절대 밖으로 말이 새지 말아야 했다. 주위에 아무도 없으면서 도청 우려가 없는 장소, 그래서 헬기를 고른 건지도 모르겠다.

진보 경제인 모임, 추진도 못 해 보고 접어

노 대통령의 생각은 이랬다. '현재 주요 재벌 총수는 선대에서 부와 권력을 물려받은 2세나 3세다. 전경련은 그런 재벌의 모임이다. 이런 사람들 말고 당대에 자수성가한 기업인을 모아 보자. 재벌의 견제 때문에 더 올라가지 못하고 어려움을 겪는 기업인들이 있을 것이다. 이들에게 전경련 대항 집단을 만들게 하자.' 이들이 정부에 정책을 건의하게 하면서 주도 세력을 바꿔 보자는 구상이었다. 보수 쪽으로 '기울어진 운동장'을 뒤집어 보려는 노력이기도 했다.

나도 비슷한 문제의식을 지니고 있었다. 전경련은 1960년대 기업가 정신을 가진 창업자들이 주도해 세웠다. 이후 정부 주도 산업 정책과 보조를 맞춰 한국 경제의 압축 성장에 기여했던 건 사실이다. 하지만 설립 수십 년이 지나면서 초심을 많이 잃었다. 당시 전경련 회장은 강신호 동아제약 회장이었다. 부회장을 포함한 전경련 회장단에는 주요 재벌 총수들이 들어갔다. 사실상 각 '재벌 패밀리'를 대표하는 모임이나 마찬가지였다. 이런 시각에서 전경련이 아닌 '새로운 전문 대기업 단체'를 강구할 필요가 있었다.

외부 행사를 마치고 청와대로 돌아온 뒤 곰곰이 생각했다. 오영호 산업정책비서관을 찾았다. 산업자원부 차관보를 지낸 오 비서관은 산업계에서 신망이 두텁고 인맥도 넓었다. 취지를 설명하고 새로운 경제 단체를 만들 수 있는지 알아보자고 했다. 가칭 '진보경제인모임'으로 이름을 붙였다. 다만 대통령 지시란 말은 하지 않았다.

이후 몇몇 사람을 조용히 만났다. 호의적 반응도 꽤 있었다. 하지만 여러 사람을 한곳에 모아 토론을 했더니 모두 반대였다. 누구도 공개된 자리에서 재벌의 심기를 건드리고 싶어 하지 않았다. 결국 제대로 추진해 보지도 못하고 접어야 했다. 복기해 보니 우선 이런 큰일을 벌이기엔 시간이 부족했다. 대통령 임기를 불과 1년 정도 남긴 시점이었다. 게다가 재벌의 힘과 영향력이 얼마나 무서운지 당시엔 제대로 알지 못했던 것 같다. 노 대통령도 나도 꽤 순진했다고 할 수 있다. 어쩌면 YS(김영삼 대통령)의 금융실명제처럼 비밀스럽게 준비하다가 어느 순간 갑자기 발표해야 했던 건지도 모르겠다.

이때 진보경제인모임이 성공했으면 어떻게 됐을까. 전경련을 창구로 재벌에게 거액을 거둬들인 박근혜 정부의 국정농단 사건도 양상이 많이 달라지지 않았을까. 그러면 문재인 정부에서 '전경련 패싱'이란 말이 나올 정도로 전경련을 따돌리는 일도 없지 않았을까. '역사에 가정은 없다'고 하지만 이런 생각이 든다.

강자 독식만 주장하는 전경련, 존재 가치 없어

이런 일도 있었다. 어느 날 청와대에서 회의를 마치고 나온 노 대통령이 불같이 화를 냈다. 평소에는 거의 볼 수 없는 모습이었다. 그러더니 박용성 두산중공업 회장을 거칠게 비난했다. "아주 나쁜 사람"이란 말도 했다. 잠시 후 다른 곳으로 가 버렸다. 왜 그렇게 화를 내는지 물어볼 틈도 없었다.

나하고 대통령 비서실장하고 한쪽 구석에 앉아 긴급히 상의했

노무현 대통령이 2007년 3월 9일 용산구 효창동 백범기념관에서 열린 '투명사회협약 대국민 보고회'에 참석, 각계 인사들과 손을 잡고 도약의 띠잇기를 하고 있다. 왼쪽부터 신낙균 민주당 부대표, 박근혜 한나라당 대표, 임채정 열린우리당 의장, 박희태 국회부의장, 김덕규 국회부의장, 노무현 대통령, 강신호 전경련 회장, 이건희 삼성그룹 회장, 박용성 두산중공업 회장. (자료출처: 노무현재단)

2007년 3월 9일 용산구 효창동 백범기념관에서 열린 '투명사회협약' 체결식에는 정치, 기업, 시민사회, 공공부문 인사 120여 명이 참석했다. 이날 행사에서 노 대통령은 "실감나게 거국적이라는 말을 써도 될 자리", "성공적인 민주주의 모델 하나를 만들었다", "정부 수립 이후 처음 있는 일"이라고 강조하는 등 협약 체결에 각별한 의미를 부여했다. (자료출처: 노무현재단)

다. 이병완 비서실장이었는지, 문재인 비서실장이었는지는 확실치 않다. "이 일을 어떻게 처리하면 좋겠습니까." 머리를 맞대고 의논했지만 뾰족한 수가 떠오르지 않았다. "일단 모른 척합시다. 혹시 다음에 또 이런 일이 있으면 그때 이유를 물어보고 판단합시다." 둘이서 이렇게 결론을 냈다. 결국 아무 일도 없이 끝났다.

나는 속으로 이런 생각이 들었다. '만일 다른 정권이었다면 어떻게 했을까. 아무 일도 없다는 게 정말 대단한 정권이다.' 군사 정권 시절 대통령에게 밉보였던 재벌 그룹이 해체됐던 일이 새삼 머릿속에 떠올랐다.

2007년 2월, 노 대통령은 취임 4년을 맞아 박 회장을 포함한 기업인을 특별사면했다. 박 회장에게 불이익은커녕 혜택을 준 셈이다. 당시 나는 노 대통령에게 박 회장의 사면을 건의했다. 평창 겨울올림픽 유치 때문이었다. 국제올림픽위원회(IOC) 위원인 박 회장이 적극적인 역할을 해 주길 바랐다. 그때 IOC는 법원의 유죄 판결을 이유로 박 회장의 위원 자격을 정지한 상태였다. 특별사면 두 달 뒤 IOC는 박 회장의 위원 자격 정지를 풀었다.

청와대 정책실장 시절 나는 공개적으로 전경련을 향해 비판의 목소리를 높인 적이 있다. 조석래 전경련 회장의 발언을 반박하면서다. 조 회장은 2007년 7월 25일 전경련 제주 하계 포럼에서 이렇게 말했다. "차기에는 경제 대통령이 나와야 합니다. 옛날에 시골 땅 좀 샀다고 나중에 총리가 못 되기도 합니다. 그런 식으로 다 들추면 제대로 된 사람이 있겠습니까." 조 회장과 사돈 관계인 이명박 한나라당 대선 주자를 편드는 발언으로 해석됐다.

나흘 뒤 내가 나섰다. 한국능률협회와 무역협회가 주최한 제주도 하계 세미나의 초청 강연이었다. "(조 회장이) 시대착오적이고 정치적 주장을 했습니다. 전경련이 뭐 하는 곳입니까. 비정규직은 나 몰라라 하고 사회 통합도 나 몰라라 하고 강자 독식 논리만 주장해서는 존재할 가치가 없습니다." 당시 '청와대 브리핑'에서 내 발언을 자세히 전했다. 언론이 주요 기사로 쓰면서 파장이 커졌다. 야당인 한나라당은 나에게 정책실장 사퇴를 요구하기도 했다.

출총제 완화하자 "재벌에 항복 문서"

그렇다고 나나 노 대통령이 반기업이었던 건 결코 아니다. 노 대통령이 진영의 반대를 무릅쓰고 추진한 경제 정책에는 출자총액제한제도(출총제) 대폭 완화도 있다. 2006년 11월 권오승 공정거래위원장이 당정 협의를 거쳐 공정거래법 개정안을 발표했다. 이 법안을 두고 진보 시민단체는 격렬히 반대했다. 심지어 "노무현 정부가 재벌에게 항복 문서를 보냈다"는 말까지 나왔다.

흔히 재벌 개혁을 말하는 사람은 이런 논리를 편다. '우리나라 재벌은 문어발식 확장을 한다. 그걸 막으려면 계열사 간 투자를 제한해야 한다. 그러니 출총제 강화는 꼭 필요한 규제다.' 그럴듯하게 들리지만 현실에선 별로 맞지 않는 얘기다.

문어발식 확장을 비판하는 사람들은 재벌이 빵집이나 문구점 같은 골목 상권에 진출하는 걸 지적한다. 차분하게 따져 보자. 사실 이런 사업은 투자금이 많이 들지 않는다. 출총제로는 재벌의 골목 상권 진출을 막을 수 없다. 어느 재벌이 적은 투자금으로 회사를 세운 뒤 '일감 몰아주기'로 사업을 키운다고 치자. 이런 편법을 막는 데 필요한 건 출총제(사전 규제)가 아니다. 불공정 행위를 강력히 제재(사후 제재)하는 것이다.

특히 재벌과 대기업을 구분해서 봐야 한다. 재벌을 영어식으로 표현하면 '가족 경영 복합기업(Family-run Conglomerates)'이다. 가족 경영이 아닌 대기업까지 뭉뚱그려 규제하면 투자가 제대로 이뤄지지 않는다. 재벌의 폐해는 고쳐 나가되 대기업의 경제 활동은 지원해야 한다. 나는 이런 취지를 노 대통령에게 진지하게 설명했다. 노 대통령도 동감했다.

이런 일을 겪으며 진보 진영에서 나에 대한 비판의 목소리가 높아졌다. "신자유주의에 물들어 노무현을 보수화시킨 관료"라는 말도 나왔다. 사실 나는 신자유주의가 뭔지도 잘 몰랐다. 실용적 관점에서 경제 성장과 투자에 좋은 방안을 찾자는 생각뿐이었다.

어렵게 없앤 중소기업 고유 업종, MB가 되살려

우리 사회에서 친기업이란 말은 두 가지 의미로 쓰인다. 기업의 투자와 혁신을 지원한다는 점에서 나는 친기업이었다고 할 수 있다. 하지만 권력자나 관료가 기업과 결탁한다는 의미에선 결코 친기업이 아니었다. 청와대에 있을 때 내 스스로 주의했고 비서관들에게도 각별히 주의를 시켰다. 쓸데없이 기업에 전화해 뭔가 부탁하거나 간섭하는 일이 없도록 하라는 것이었다. 나중에 다른 사람을 통해 이구택 포스코 회장의 말을 전해 들은 적이 있다. 그는 "청와대에서 전화 한 통 안 한 건 변양균 정책실장 시절이 유일하다"고 했다고 한다.

중소기업 고유 업종 폐지도 진보 진영의 반발이 심했다. 중소기업 고유 업종은 보호 장치인 동시에 족쇄다. 한 번 중소기업은 영원히 중소기업으로 남아 있으라는 얘기와 같다. 중소기업이라고 무턱대고 보호하는 게 능사는 아니다. 자율과 경쟁을 기반으로 시장 친화적 방식이 필요하다. 나는 대기업과 중소기업 간 상생 협력을 활성화하는 데 주력했다. 2006년 6월 '대기업·중소기업 상생 협력 촉진에 관한 법률'이 시행에 들어갔다. 우수 기업에는 인센티브를 주면서 실질적 효과를 달성하는 데 초점을 맞췄다.

이후 이명박 정부에서 중소기업 고유 업종을 '적합 업종'으로 이름을 바꿔 부활시켰다. 동반성장위원회라는 기구를 만들어 적합 업종 지정 권한을 주었다. 노무현 정부에서 온갖 반대를 뚫고 어렵게 이뤄 낸 걸 거꾸로 되돌린 셈이다. 시장경제를 한다는 보수 정부가 칸막이를 치는 데 앞장선 꼴이니, 참 아이러니한 일이다.

집값 잡겠다더니 편 가르기로
변질된 종부세

20년 가까이 논란이 끊이지 않는 세금이 있다. 노무현 정부 때 시작한 종합부동산세(종부세)다. 2022년 기준으로 종부세 고지서를 받은 사람이 131만 명이나 됐다. 전국 주택 보유자의 8퍼센트 이상이 종부세 대상이라고 한다. 어느새 너무 많은 사람이 종부세 대상이 됐다. 당초 종부세를 만들었던 취지는 이런 게 아니었다.

2004~2005년 노무현 정부가 종부세 도입을 추진할 때다. 나

노무현 정부 임기 말인 2008년 1월 서울 강남구 대치동 아파트 단지에 종합부동산세 반대 현수막이 걸려 있다. 2022년 종부세 대상자는 131만 명으로 2007년보다 82만 명 늘었다. (자료 출처: 중앙포토)

는 기획예산처에서 차관(2004년)과 장관(2005년)을 차례로 맡았다. 당시 종부세는 재정경제부 소관이었다. 나는 관계 부처 회의에서 종부세 논의에 참여했지만 주도적 입장은 아니었다. 현재 기획재정부가 예산과 세제를 함께 담당하는 것과는 차이가 있다.

나는 기본적으로 종부세 도입에 찬성이었다. 이유가 있었다. 종부세는 여타 세금과 달리 부유세와 목적세의 성격이 있다고 봤다. 명시적으로 법에 담은 건 아니지만 당시 종부세를 설계한 취지가 그랬다.

부유세는 말 그대로 부자에게만 매기는 세금이다. 종부세 초기에는 최상위 0.5퍼센트 수준이었다. 나중에 확대하더라도 상위 1퍼센트를 넘지 않을 것으로 봤다. 종부세를 거둬 사회적 약자를 돕는다는 목적세 성격도 중요했다. 이런 식으로 바꿔 말할 수 있었다. '당신은 우리 사회에서 가장 많은 혜택을 받은 사람이 아니냐. 어려운 사람을 돕는 데 쓸 테니 세금을 좀 내라.'

하지만 어느 순간 이런 취지가 다 사라졌다. 비싼 부동산을 가진 사람에게 '징벌적 세금'을 매기는 것으로 변질했다. 상위 1퍼센트라는 건 옛말이 됐다. 서울 강남에 살면 수십만 명이 종부세 대상이라고 한다. 부유세도 목적세도 아닌 게 되어 버렸다. 재산세를 무겁게 매기는 것과 무슨 차이가 있는 건지 모르겠다. 국세(종부세)냐 지방세(재산세)냐의 구분은 있지만 납세자에겐 전혀 중요하지 않다.

전 정부 시절 문재인 대통령과 통화할 기회가 있었다. 그러다가 부동산 이야기가 나왔다. 문 대통령은 주택 공급을 언급했다. "이제부터 공급 대책도 착실히 할 겁니다." 나는 이렇게 말했다. "공급보다 더 큰 문제는 부동산 정책이 이념화된 겁니다. 이념화에서 벗어나야 합니다." 내가 조언할 수 있는 건 거기까지였다. 그 후에도 한동안 더불어민주당은 종부세 대상자 축소에 반대했다. 부동산 정책의 이념화에서 벗어나는 건 그만큼 어려운 일이었다.

영어 잘 하느냐 못 하느냐로 계급 나눠질 것

나는 2006년 7월 청와대 정책실장으로 들어갔다. 이미 종부세를 할 거냐 말 거냐 하는 논의가 끝난 시점이었다. 대신 종부세로 거둔 돈을 어디에 쓸 것이냐에 집중했다. 2007년 기준으로 약 2조 원이란 계산이 나왔다. 교육인적자원부와 상의했다. 방과후학교를 중심으로 어린이 영어 교육에 이 돈의 일부를 쓰기로 했다.

당시 어린이 영어 교육은 부모의 소득 수준에 따라 격차가 심했다. 고소득층 자녀는 영어유치원이니 뭐니 하면서 아주 어릴 때부터 원어민에게 영어를 배웠다. 반면에 저소득층에선 원어민 얼굴 한 번 제대로 보지 못한 아이들이 대부분이었다. 종부세 수입을 저소득층 교육 지원에 쓰는 건 목적세 성격에도 잘 맞았다.

그런데 걸림돌이 있었다. 진보를 표방하는 교육 단체들이 조기 영어 교육에 강력히 반대했다. 한번은 이런 일도 있었다. 노 대통령이 주재하는 교육 관련 회의였다. 교육 단체들은 한글 교육이 우선이라고 주장하며 초등 저학년 영어 교육을 비판했다.

보다 못해 내가 나섰다. "조선 시대에 어땠는지 아십니까. 한문을 아느냐 모르느냐로 양반과 상놈의 계급이 나뉘었습니다. 해방 이후에는 대학 졸업자냐 아니냐로 사회 계급이 갈라졌습니다. 앞으로는 영어를 잘 하느냐 못 하느냐로 계급이 나뉘질 겁니다."

그러면서 진보가 초등 영어 교육에 반대하는 게 얼마나 모순적인지 꼬집었다. "교육으로 계층이동 사다리를 제공하는 게 진보의 핵심 주장이 아닙니까. 저소득층 교육 지원에 앞장서지는 않을망정 가로막아서야 되겠습니까."

나중에는 노 대통령이 직접 나섰다. 2007년 4월 EBS 영어 교육 채널 개국 행사였다. 나도 대통령을 수행해 행사에 참석했다. 노 대통령은 영어 교육에서 기회의 평등이 얼마나 중요한 문제인지 역설했다. "세계와 함께 호흡하기 위해서는 영어가 꼭 필요합니다. 교육 기회의 불균등이 계층 이동을 가로막고 사회 통합을 어렵게 하지 않을까 우려스럽습니다."

세금은 잘 걷는 것 못지않게 잘 쓰는 게 중요하다. 그래야 납세자를 설득할 수 있다. 2022년 국세청이 부과한 종부세 총액은 7조5000억 원이라고 한다. 예전보다 세수는 크게 늘었는데 교육 격차 해소같이 좋은 일에 썼다는 말은 별로 들리지 않는다. 종부세에 대한 거부감이 커지는 데에는 이런 이유도 있을 것이다.

"그걸 왜 장관이 책임집니까. 대통령이 책임져야죠"

종부세를 둘러싼 논란은 '비전 2030'의 좌절에도 영향을 줬다. 2006년 8월에 내놓은 비전 2030은 정부가 어떻게 돈을 써서, 나라를 어떤 모습으로 바꾸겠다고 설명한 장기 계획서다. 여기에는 2030년까지 1100조 원(물가상승을 반영한 경상가격)을 투입한다는 내용이 있었다. 그런데 종부세와 마찬가지로 '세금 폭탄' 프레임에 걸려들었다.

비전 2030 발표 몇 달 전이었다. 기획예산처 장관이던 나는 노 대통령에게 초안을 보고했다. 청와대 대통령 집무실 옆에는 조그마한 골방이 있었다. 노 대통령이 담배를 피울 때 쓰던 곳이다. 권양숙 여사가 하도 담배를 못 피우게 하니까 숨어서 피웠던 것이다.

그 방에서 이렇게 건의했다. "기본적으로 세금을 올리지 않으면 안 됩니다. 정면으로 치고 나가는 게 좋겠습니다. 제가 발표한 다음에 너무 시끄러워지면 책임을 지고 사퇴하겠습니다." 노 대통령은 딱 부러지게 반대했다. "그걸 왜 장관이 책임집니까. 대통령이 책임져야죠."

다음에 또 기회가 생겨서 이렇게 말했다. "세금을 올리려면 부가가치세를 올려야 합니다. 북유럽 선진국에선 부가세로 평균 20퍼센트를 걷습니다. 그 나라 사람들이 바보라서 그런 게 아닙니다. 우리는 지금 10퍼센트인데 5퍼센트포인트만 올려도 됩니다."

내가 계속 고집을 부리니까 노 대통령도 고민스러웠던 모양이다. 청와대 안에서 의논해 보겠다고 했다. 얼마 뒤 이병완 청와대 비서실장이 전화를 걸어왔다. "정치적으로 너무 부담이 큽니다. 세금 올리는 건 없던 일로 하시죠." 나로선 더 어떻게 해 보기가 어려웠다.

할 수 없이 비전 2030에선 재원 조달 방안 세 가지를 나열하는 것으로 그쳤다. 첫째는 국가채무로 충당 즉 국채를 찍는다. 둘째는 조세로 충당 즉 세금을 올린다. 셋째는 국가채무와 조세로 나눠서 충당한다. 결국 무엇을 선택할지는 국민의 몫으로 남겼다. 돌이켜 생각하면 아쉬움이 많이 남는다.

"사실은 직접세보다 간접세가 더 공평한 세금입니다"

세금에는 여러 종류가 있다. 직접세와 간접세가 대표적 구분이다. 예전에 고등학교 사회 교과서는 이렇게 가르쳤다. 직접세는 가난한 사람에겐 낮은 세율을, 부자에겐 높은 세율을 매긴다. 간접세는 부자나 가난한 사람이나 같은 세율을 적용한다. 그러니 간접세는 저소득층에 실질적으로 더 많은 세금을 부담시키는 역진성이 있다는 주장이다.

순진한 얘기다. 못 살고 물건이 귀하던 시절에는 이 말이 맞을 수 있다. 하지만 이제는 완전히 달라졌다. 핸드백을 예로 들어보자. 어떤 사람은 20만 원짜리 핸드백을 사고, 어떤 사람은 2000만 원짜리를 산다. 부가세율은 똑같이 10퍼센트다. 그러면 20만 원짜리 구매자는 2만 원, 2000만 원짜리 구매자는 200만 원을 세금으로 낸다. 이렇게 계산하면 간접세에서도 100배의 차이가 난다.

나는 노 대통령에게 거듭 건의했다. "사실 부가세가 더 공평한 겁니다. 그러니 부가세를 올리는 게 좋겠습니다." 처음에는 노 대통령도 교과서 수준으로 직접세와 간접세를 이해하고 있었다. 대신 죄악세에 관심이 많았다. 아마도 담배를 자주 피우기 때문인 듯했다. 죄악세는 술, 담배, 도박 등 사회적으로 좋지 않은 소비를 억제하기 위해 부과하는 세금이다. 하지만 죄악세로는 막대한 복지 재원을 충당할 수 없다. 담배에 매긴 세금을 금연 사업에 쓰는 식이어서 다른 데 쓸 돈도 많지 않다.

비전 2030을 발표한 다음에도 틈만 나면 노 대통령과 재원 마련 방법을 의논했다. 노 대통령은 임기 말인 2007년 10월 부산의 한 행사에서 이런 말을 남겼다. "세금 올리자는 이야기를 아무도 안 한 데 대해 아주 심각한 유감을 갖고 있습니다. 저도 못 올리고, 올려 보지도 못하고 '돈이 이만큼 필요할 것이다'라고 계산서 내놓았다가 박살 나게 맞고 물러갑니다."

어느 정권이든 증세 문제를 꺼내는 건 결코 쉬운 일이 아니다. 1977년 부가세를 도입했던 박정희 대통령은 그것 때문에 정치적 위기를 맞았다는 분석도 있다. 어쨌든 한국은 부가세 덕분에 안정적인 세입을 확보하고 재정 건전성을 유지할 수 있었다. 박 대통령의 중요한 업적이라고 볼 수 있다.

2022년 말 한국개발연구원(KDI)이 부가세와 소득세 실효세율

인상을 제안했다는 신문기사를 봤다. 국가채무 비율이 지나치게 높아지지 않도록 하기 위해서라고 했다. 틀린 말은 아니지만 이런 정도로 국민을 설득할 수 있을지는 잘 모르겠다. 정부는 국민의 기본수요를 책임지면서 그들이 적어도 같은 출발선에 설 수 있게 도와야 한다. 비전 2030이 추구한 국가의 역할이다. 그러려면 적극적으로 세금 부담을 늘려야 한다. 이제라도 미래 비전을 함께 제시하면서 과감한 부가세 인상을 논의할 필요가 있다.

코스피 과열에 노무현,
"빚쟁이에 시달려 봤나"

<퍼펙트 스톰>이라는 유명한 재난 영화가 있다. 원래 기상 용어였던 퍼펙트 스톰이 이제는 경제 뉴스에서 자주 등장한다. 여러 가지 악재가 동시다발로 터지면서 초대형 경제위기가 발생하는 걸 가리킨다. 기상 현상과 마찬가지로 경제위기에도 조짐이 있다. 2008년 글로벌 금융위기 전에도 여러 가지 이상 징후가 나타났다. 당시엔 잘 몰랐는데 나중에 보니 경제위기를 예고하는 조짐이었다.

청와대 정책실장으로 있던 2006년 10~11월이다. 외환위기 10년을 맞는 2007년이 코앞이었다. 노무현 대통령이 여러 차례 외환위기 때 일에 관해 물었다. 이규성 전 재정경제부 장관이 펴낸 책 이야기도 나왔다. 《한국의 외환위기》란 제목의 1080쪽짜리 책인데 그걸 다 읽어 봤다고 했다. 외환위기의 발생 원인과 충격, 극복 과정, 재발 방지를 위한 제언 등을 담은 책이었다.

노 대통령은 진지하게 물었다. "혹시 위기가 재발할 우려는 없겠습니까." 나는 괜찮을 거라는 식으로 대답했다. 노 대통령은 계속 걱정스러워했다. 그러면서 외환위기 백서 작성을 지시했다. "외환위기 10년이 됐는데 국가 차원에서 반성하는 의미의 백서 하나 없으면 되겠습니까." 나는 한국개발연구원(KDI)에 대통령 뜻을 전했다. KDI는 이듬해 12월 《외환위기 10년: 평가와 과제》란 제목으로 백서를 펴냈다.

얼마 뒤 한명숙 총리가 물러나기로 결정했다. 열린우리당 대선 후보 경선을 준비하기 위해서였다. 이병완 청와대 비서실장이 차기 총리 후보로 이 전 장관을 추천했다. 나도 찬성이었다. 그는 김대중 정부의 첫 재경부 장관을 맡아 외환위기 극복에 앞장선 경력이 있었다. 재경부 직원들이 존경하는 역대 장관으로 꼽을 정도로 주변 신망도 두터웠다. 고향이 충남 논산이어서 지역 균형 인사에도 맞았다. 이 실장은 신문기자 시절부터 이 전 장관과 각별한 친분이 있었다.

여권 거물 정치인이 한덕수 총리 임명 반대

서울 강남의 이 전 장관 개인 사무실을 찾아갔다. 당시 과도한 엔화 약세가 우리 경제에 어떤 영향을 미칠지 등을 논의했다. 그러면서 자연스럽게 얘기를 꺼냈다. "노 대통령이 저녁 식사를 함께하고 싶어 하십니다." 이 전 장관도 "좋다"고 했다.

2007년 초 청와대 관저에서 노 대통령과 이 전 장관이 만났다. 배석자는 나 혼자였다. 노 대통령이 직접 총리로 모시겠다는 말을 꺼내진 않았다. 그래도 이 전 장관은 대강 눈치를 채고 있었다. 보수 성향의 경제 관료 출신을 노 대통령이 따로 만나는 것 자체가 이례적이었다.

대화 분위기는 생산적이었다. 이 전 장관도 자신의 아이디어를 풀어놓았다. 그중에 '10만 양병론'이 기억에 남는데 대략 이런 내용이었다. '출산율이 낮아지고 인구가 줄어들면 대학 운영도 어려워진다. 동남아시아 젊은 인재들에게 과감하게 장학금을 줘서 유학생으로 불러들이자. 매년 일정한 인원을 배정해 총 10만

명을 이런 식으로 우리 편으로 끌어들이자.' 미국의 '풀브라이트 장학금'을 본뜬 한국판 풀브라이트를 만들자는 구상이었다.

이후 내부에서 이 전 장관으로 인사 검증 절차를 밟으려고 했다. 그러던 중 한덕수 전 경제부총리로 총리 내정자가 바뀌었다. 왜 그랬는지는 잘 모른다. 총리 후보 발표 전날인 2007년 3월 8일 오후 9시가 넘은 시간이었다. 노 대통령이 급하게 전화로 나를 찾았다. 서둘러 대통령 관저로 갔다. 여권 거물급 정치인이 조금 전에 다녀갔는데 한 총리 인선에 강하게 반대했다고 했다.

노 대통령이 내 의견을 물었다. 나는 과거 사례로 김영삼 대통령과 이회창 총리의 관계를 들었다. "정권 말에 정치적 욕망이 있는 총리는 곤란합니다. 특히 대통령에게 덤벼드는 총리는 안 됩니다. 한 총리는 절대 그럴 일이 없을 겁니다. 특별한 정치적 욕망이 없는 경제 관료여서 믿을 수 있을 겁니다." 솔직한 내 생각이었다. 그러고 나서 집으로 갔다. 다음 날 한 총리로 발표가 났다.

미국발 서브프라임 부실 눈치 못 채

2007년에 들어서자 해외에서 불안한 소식이 잇따라 들려왔다. 2월에는 영국계 HSBC은행이 미국 주택담보대출 시장에서 대규모 손실을 봤다고 발표했다. 한때 자산 규모를 기준으로 세계 1위였던 은행이다. 3월에는 미국의 뉴센추리파이낸셜이란 대형 금융 회사가 파산을 선언했다. 5월에는 스위스계 UBS은행도 미국 시장에서 대규모 손실을 봤다고 공개했다.

세 곳 모두 '서브프라임 모기지'(비우량 주택담보대출)의 부실이 원인이었다. 그런데도 벤 버냉키 미국 연방준비제도(Fed) 의장은 "서브프라임 시장의 문제가 금융 시스템 전반으로 확산하지 않을 것"이라고 장담했다.

2007년 6월 초였다. 국내 증시가 굉장히 좋았다. 종합주가지수(코스피)가 1700선을 웃돌았다. 노무현 정부 출범 초(500선)와 비교하면 세 배 이상으로 올랐다. 나는 기분이 좋았다. 그런데 노 대통령은 오히려 걱정이었다. "증시가 너무 과열되는 것 아닙니까. 빚내서 투자하는 건 못 하게 해야 합니다." 솔직히 건성으로 들었다. 속으로 이런 생각이었다. '주식 투자는 자기 책임으로 하는 건데 정부가 하라 마라 할 수 있나.' 속된 말로 그렇게 대통령 지시를 뭉개고 있었다.

당시 국내 거시 경제 지표는 양호했다. 2007년 수출은 3700억 달러를 돌파했고 무역수지도 꾸준히 흑자였다. 외환 보유액은 2400억 달러 수준으로 세계 5위에 올랐다. 1인당 국민총소득(GNI)

은 2007년에 처음으로 2만 달러를 넘어섰다. 이때만 해도 나는 글로벌 금융 시스템 전체가 무너질 거란 생각은 꿈에도 못 했다.

일주일인가 지나서 노 대통령이 재촉했다. 정색하고 내 의견을 말했다. "자유 시장경제에서 주식 투자는 투자자가 알아서 하는 겁니다." 그러자 노 대통령이 반문했다. "변 실장은 평생 빚쟁이한테 시달려 본 적이 있나요. 뭣도 모르고 빚내서 투자했다가 나중에 길거리에 나앉고 빚쟁이한테 시달리면 얼마나 고달픈지 아나요." 그러고 보니 나는 어릴 때부터 먹고사는 데는 걱정이 없었다. 국민 다수가 농민이었던 시절 아버지가 공무원인 덕분이었다.

오래 못 간 코스피 2000시대

6월 19일 국무회의가 열렸다. 전날 코스피 종가는 사상 처음 1800선을 넘었다. 노 대통령이 강하게 말했다. "개인이 어디서 돈을 빌려 투자하는 것인지 체계적 조사가 필요합니다." 그 자리엔 나도 있었다. 한덕수 총리와 상의했다. 당장 무슨 조치를 하기는 어려우니 총리가 증시에 대해 한마디 경고하는 게 좋겠다고 했다. 장관보다 총리가 나서야 무게감이 있을 것으로 보았다.

국무회의 사흘 뒤 한 총리가 기자간담회에서 이렇게 말했다.

종합주가지수(코스피)가 처음으로 1800선을 넘어선 2007년 6월 18일 증권선물거래소(현 한
국거래소) 직원이 주가 전광판을 살펴보고 있다. 이듬해 9월 미국 대형 투자은행인 리먼브러
더스 파산으로 글로벌 금융위기가 발생했다. (자료출처: 중앙포토)

"증권사에서 개인이 신용 대출을 받아 투자한 액수가 5조 원에 달하는데 이런 경우는 처음입니다. 신용 투자에 신중하고 자제할 필요가 있습니다." 당시 증시에서 이 언급은 큰 뉴스가 됐다. 노 대통령에게 결과를 보고했다. 썩 마음에 들지는 않지만 알겠다는 반응이었다. 한 총리 발언 이후 잠시 주춤하던 코스피는 7월에 사상 처음으로 2000선을 넘어섰다. 하지만 코스피 2000시대는 오래가지 못했다.

그 후에도 노 대통령은 만일의 사태에 대비하라고 여러 차례 지시했다. 나는 금융과 부동산 전문가들을 불러 회의를 열었다. 혹시 위기가 발생해 집값이 폭락한다면 어느 정도 수준일까 물었다. 그때 전문가들이 제시한 최악의 경우 집값 하락률은 30퍼센트였다. 미리 대비하기 위해 총부채상환비율(DTI) 규제를 제2금융권까지 확대했다.

김대기 비서관이 은행 대출 실태 암행 감찰

당시 금융 회사들은 덩치 불리기 경쟁에 열을 올리고 있었다. 금융감독위원회와 금융감독원에 금융 회사 대출 창구를 철저하게 감독하라는 뜻을 전했다. 저축은행도 미리 점검하도록 지시했다. '문제없다'는 식의 보고가 올라왔다. 그런데 미심쩍은 부분이 적지 않았다. 김대기 청와대 경제정책비서관을 시켜 현장에 암행 감찰을 나가기도 했다.

8월에 윤증현 금감위원장 겸 금감원장이 3년 임기를 마쳤다. 대통령 임기가 6개월밖에 안 남은 시점이었다. 대통령 뜻을 잘 아는 김용덕 청와대 경제보좌관을 후임으로 추천했다. 남은 6개월이라도 더욱 철저하게 금융 회사들을 감독해야 한다고 봤다.

당시 야당은 노 대통령을 '경포대'(경제를 포기한 대통령)라고 공격했다. 하지만 나는 인위적 경기 부양을 거부하고 체질 개선에 주력한 '경우대'(경제를 우대한 대통령)였다고 말하고 싶다. 만일 노무현 정부가 임기 말에 선거를 의식해 무리한 경기 부양책을 썼다면 어떻게 됐을까. 금융위기의 충격은 우리가 실제 겪었던 것보다 훨씬 심각했을 것이다. 건실하게 경제 정책을 운용하면서 위험 요인을 미리 점검한 게 천만다행이었다.

무리한 경기 부양책은 마취제와 같다. 5년 단임 대통령은 마취제의 유혹에 빠지기 쉽다. YS(김영삼)도 DJ(김대중)도 임기 말에는 인위적 경기 부양의 후유증으로 엄청난 어려움을 겪었다. 지지율을 높이기 위해 억지로 부양하면 반드시 그만큼 골이 깊어진다. 앞으로 누가 대통령을 하든지 잊지 말아야 할 교훈이다.

3장

한반도 평화와 균형 발전의
초석을 놓다

· 노무현 정부 안보·사회 정책 ·

2016년 2월 26일, 건설 발표 후 준공까지 10년 넘게 걸린 제주 민군복합항 준공식 모습. 제주 해군기지는 건설 과정에서 극심한 갈등을 겪으며 안타까운 충돌이 벌어졌고 부상자가 속출했다. (자료출처: 해군홈페이지)

제주 해군기지는 노무현 대통령의 '해양 강국의 꿈'이 담겨 있다. 사진은 2018년 10월 11일 제주 해군기지에서 '제주의 바다, 세계 평화를 품다'라는 슬로건으로 국제관함식이 열린 모습. 이 날 우리나라 독도함 함정에 참관인을 태우고 해상 사열식을 했다. (자료출처: 해군홈페이지)

"자위대 못 당해",
노무현 '해양 강국의 꿈' 제주에 담다

홍분한 시위대가 군부대 공사장 입구를 막았다. 국방부와 경찰은 농성 천막을 강제 철거했다. 일부 시위대는 몸에 쇠사슬을 묶어서 거세게 저항했다. 부상자가 속출했다. 제주 해군기지 건설 과정에서 벌어졌던 안타까운 충돌 장면이다.

제주 해군기지는 2016년 2월 준공했다. 건설 발표 후 준공까지 10년이 넘게 걸렸다. 해군기지가 위치한 서귀포시 강정마을은 둘로 쪼개져 극심한 갈등을 겪었다. 마을 주민 등 600명가량이

징역형(집행유예 포함)이나 벌금형을 받았다. 문재인 대통령은 2019년 3·1절 특사에서 19명을 사면 복권했지만 갈라진 마을의 앙금은 여전히 남아 있었다.

제주 해군기지는 노무현 대통령의 구상이었다. 진영 논리를 넘어선 실용주의적 결정이었다. 해군기지는 청와대 안보실 소관이지만 노 대통령은 정책실장인 내 의견도 물었다. 나는 적극적으로 찬성했다. 노 대통령이 지지 세력의 반대를 무릅쓰고 추진한 정책은 크게 세 가지다. 바로 한미 자유무역협정(FTA), 제주 해군기지, 이라크 파병이다.

해군 반대에 바다 밑으로 뚫린 거가대교

먼저 개인적 일화가 있다. 1990년대 중반 김영삼 정부 시절, 나는 재정경제원에서 예산총괄과장을 거쳐 예산1심의관(국장급)을 맡았다. 나라 살림을 책임지는 막중한 자리였다. 그때 건설교통부에서 대전~진주 고속도로 예산안을 가져왔다. 나는 건교부 담당자에게 제안했다. "경남 통영(옛 충무)이 관광도시 아닙니까. 고속도로를 진주에서 끝내지 말고 통영까지 연결하는 게 낫지 않겠습니까." 건교부는 검토 끝에 구간 연장을 결정했다.

그러면서 건교부는 경남 거제도와 부산 가덕도를 잇는 거가대교 건설 계획을 포함했다. 대전~통영 고속도로에서 거제를 거쳐 경부고속도로와 연결하는 다리였다. 당시 거제는 대우조선, 삼성중공업 등 조선업을 중심으로 인구도 늘고 성장 속도도 빨랐다. 그런데 주변 도시와 연결하는 도로망이 매우 부족했다.

다리를 만드는 데 최대 걸림돌은 돈이 아니었다. 해군이 펄쩍 뛰었다. 당시 경남 진해(현 창원시 진해구)에는 해군작전사령부가 있었다. 해군의 주장은 이랬다. 거가대교는 해군 함정이 진해에서 부산 쪽으로 나가는 길목에 놓인다. 전시에 북한 폭격기가 내려와서 다리를 폭파하기라도 하면 누가 책임질 거냐. 바닷길이 막혀 해군 함정이 가도 오도 못하는 상황이 벌어질 수 있다는 것이었다.

나는 전혀 납득이 안 됐다. 휴전선에서 보면 거가대교는 최후방이다. 최후방까지 적의 정밀폭격을 받는다면 전쟁은 이미 끝난 것이나 다름없다. 그러나 해군의 입장은 완강했다. 재경원 국장 정도의 힘으로는 해군을 설득할 수 없었다. 청와대도 중재에 나서려 하지 않았다. 결국 거가대교 구간의 상당 부분을 바다 밑에 집어넣어 침매터널로 건설했다. 공사비는 3000억 원 넘게 더 들었다. 나중에 인천대교를 건설할 때도 비슷한 논란이 있었는데 결론은 달랐다. 해군기지를 인천에서 경기도 평택으로 이전하고 인천대교는 바다 위에 세웠다.

그래 놓고 진해 해군작전사령부는 2007년 부산으로 옮겼다. 거가대교를 완공하기 3년 전이다. 처음부터 해군사령부를 이전하고 거가대교를 바다 위에 건설했으면 더 좋았을 것이다. 다리 위 경관도 뛰어나 명물이 됐을 것 같다. 아쉬움이 많이 남는다.

당시에도 해군기지 입지를 둘러싼 논의가 없었던 건 아니다. 하지만 내 생각은 이랬다. 진해는 일제 강점기 때 만든 군항이다. 일제는 주요 함대사령부를 본토에 두고 진해에는 해군 정비창을 세웠다. 진해는 주변에 섬이 많고 해안선도 복잡하다. 방어에는 유리한 점이 있지만 먼바다로 신속히 출동하기엔 불리하다.

나는 그때 해군에 기지를 옮길 뜻이 없는지 물었다. 후보지는 제주도였다. "통일신라 때 장보고는 전남 완도에 청해진을 설치해 해상 무역을 장악하지 않았습니까. 동중국해나 태평양까지 생각하면 진해보다 제주도 같은 데가 좋지 않겠습니까. 예산이 필요하면 힘껏 돕겠습니다." 그 무렵 해군도 내부적으로는 비슷한 발상을 했던 모양이다. 1995년 국방중기계획에 제주 해군기지 건설안이 반영됐다.

'고슴도치론'으로 자주국방 역설

10년 정도 지나 이번엔 노무현 대통령이 제주 해군기지를 본격 추진했다. 노 대통령은 해군력 강화에 각별한 공을 들였다. 국방부 장관에 약 40년 만에 해군 출신(윤광웅 장관)을 기용할 정도였다. 국방 예산도 해군에 우선 배정했다. 노 대통령은 유사시 우리 무역로를 지키기 위해서라도 제주에 해군기지가 있어야 한다고 생각했다. 해양수산부 장관 때 경험도 한몫했을 것이다. 내게 의견을 구했다. "제주도로 가야겠는데 어떻게 생각하나요." 나는 당연히 찬성이었다. 그러면서 김영삼 정부 때 경험을 자세히 설명했다.

노 대통령은 '고슴도치론'을 말했다. 당장 우리가 강대국과 대등한 전력을 갖추기는 어렵다. 하지만 누구든 우리를 건드리면 엄청난 피해를 감수하게 한다는 논리였다. 1970년대 박정희 대통령이 자주국방을 강조하며 썼던 말인데 노 대통령도 비슷한 생각이었다. 그러자면 우리 스스로 지킬 힘을 길러야 했다. 제주 해군기지야말로 노 대통령이 구상하는 자주국방의 첫걸음이었다.

노 대통령이 해군력 강화를 고심한 데는 일본과의 해상 갈등이 큰 영향을 끼쳤다. 2006년 4월이다. 일본이 일방적으로 독도 주변의 수로를 조사한다며 해상보안청 소속 탐사선을 보냈다. 우리는 무장을 한 해양경찰 선박을 출동시켰다. 일본은 자위대 출동 가능성까지 내비치며 군사훈련을 벌였다.

청와대에서 비밀회의를 열었다. 나는 회의에 들어가진 않았지만 나중에 내용을 전해 들었다. 우리 해군과 일본 자위대가 맞붙으면 어떻게 될까. 우리가 며칠밖에 못 버틴다는 계산이 나왔다. 그래도 강경하게 나가자는 게 회의 결론이었다. 설마 미국이 한일 간 군사 충돌을 가만히 두고 보겠느냐는 의견이 다수였다고 한다. 결국 일본 탐사선은 철수하고 자위대는 출동하지 않았다.

그 전에 김영삼 정부에선 이런 일도 있었다. 어느 날 해양경찰이 독도에 접안 시설을 설치하는 예산안을 가져왔다. 내가 예산실 담당 국장이었다. 해경에선 독도경비대가 독도에 배를 댈 때 접안 시설이 없어 위험하다고 설명했다. 나는 일단 외무부와 상의해 보라고 했다. 외무부의 답변은 긍정적이었다. "안전 때문에 접안 시설을 하는 데 일본이 뭐라고 하겠느냐"는 얘기였다.

독도에 접안 시설을 만드는 건 상당히 어려운 공사였다. 울릉군청 홈페이지에선 1995년 12월에 공사를 시작해 1997년 12월에 완공했다고 소개하고 있다. 접안 시설 준공비에는 "대한민국 동쪽 땅끝, 휘몰아치는 파도를 거친 숨결로 잠재우고 우리는 한국인의 얼을 독도에 심었노라"라는 글이 새겨져 있다고 한다.

접안 시설 공사 기간에는 일본에서 아무런 항의도 하지 않았다. 일본이 공사 사실을 모르지는 않았을 텐데 말이다. 알고도 암묵적으로 가만히 있었던 것 같다. 나중에 내부적으로 난리가 났던 모양이다. 그러다가 노무현 정부 때 일본이 독도 주변에 탐사선을 보내는 사건으로 이어졌던 게 아닌가 생각한다.

"어떤 평화의 땅에도 비무장은 없습니다"

사실 노 대통령은 한일 관계 개선을 위해 '회심의 카드'를 꺼낸 적이 있다. 그러나 불발로 그쳤다. 2006년 10월 아베 신조 일본 총리의 방한 때였던 것으로 기억한다. 당시 아베는 방한 중 국립현충원을 참배하며 나름대로 한일 관계에 성의를 보였다. 역대 일본 총리로는 처음이었다. 6년 후인 2012년 말 '아베 2기' 내각 출범 때와는 사뭇 분위기가 달랐다.

노 대통령과 아베 총리는 청와대에서 정상회담을 했다. 회담 후 노 대통령이 푸념했다. 자신의 제안을 아베 총리가 단번에 외면했다는 것이었다. "동해니 일본해니 바다 이름 가지고 서로 싸울 거 있습니까. 한자로 청해(靑海), 영어로 블루씨(Blue Sea)라고 하면 어떻겠습니까." 노 대통령이 아베에게 이렇게 제안했다고 한다. 서해를 황해 또는 옐로씨라고 부르는 것처럼 동해도 제3의 이름으로 부르면 좋지 않겠냐는 생각이었다.

그러나 아베 총리는 "실무진에게서 아무것도 전달받은 게 없다"며 말을 끊었다고 한다. 사전에 실무 협의도 안 한 이야기를 난데없이 왜 꺼내느냐, 이런 뉘앙스의 반응이었다. 노 대통령은 회담이 끝나고 일본 측 태도에 답답해했다. "이럴 거면 뭐 하러 정상끼리 만나 이야기하겠습니까. 사전에 조율된 말 외에는 한마디도 하면 안 되는 겁니까. 한번 생각해 보자고 할 수도 있는데 아예 논의 자체를 거부해 버리네요."

노 대통령이 제주 해군기지를 추진한 데는 그런 일본과 중국을 견제하는 뜻이 있었다. 다만 외교 관계를 고려해 공개적으로 말하지는 않았다. 노 대통령은 해군기지를 둘러싼 논란이 커지자 직접 설득에 나서기도 했다. 2007년 6월 제주도에서 지역 주요 인사들을 모아 오찬 간담회를 했다. 이 자리에서 노 대통령은 이렇게 강조했다. "어떤 평화의 땅에도 비무장은 없습니다. 제주 해상에 긴급 사태가 발생했을 때 예닐곱 시간 걸리는 남해안에서 올 수 있겠습니까."

노 대통령이 물러난 뒤 제주 해군기지를 둘러싼 상황은 복잡하게 꼬여 갔다. 시위대와 경찰 간 물리적 충돌까지 벌어지며 나라 전체가 큰 혼란과 진통을 겪었다. 준공 후 상당한 세월이 지났지만 진통은 끝나지 않았다. 나라의 미래를 위한 결정이 국민 누군가에겐 상처로 남았다. 지금도 제주 해군기지만 생각하면 가슴이 먹먹해진다.

개마고원에 최고급 관광 단지, 사라진 남북 공동 개발 꿈

2022년 11월 2일 북한이 강원도 속초 앞바다로 미사일을 쐈다. 미사일이 북방한계선(NLL)을 넘어온 건 휴전 이후 처음이었다. 예전에 남북 긴장이 높아지면 나는 금융 시장부터 챙겼다. 경제 관료로서 일종의 조건 반사였다. 주가가 급락하며 금융 시장이 출렁이는 경험을 자주 했기 때문이다. 그러다 언제부턴가 시장 반응이 차분해졌다. 세상이 많이 달라졌다는 걸 실감한다.

남북 관계는 역대 정부에서 항상 '뜨거운 감자'였다. 내가 북한

당국의 비판 대상에 오른 적이 있다. 2005년 12월 노무현 정부에서 기획예산처 장관을 맡았던 때다. 기자간담회에서 통일 비용을 언급한 걸 가지고 북한이 걸고넘어졌다. 북한의 대남 기구인 조국평화통일위원회(조평통)가 나섰다. 당시 조평통 대변인은 "흡수통일을 기정사실로 하는 남조선 당국의 흑심을 그대로 드러낸 불순한 언동"이라고 공격했다.

사실 나는 흡수통일을 주장한 게 전혀 아니었다. 오히려 그 반대였다. 우리나라 재정 능력은 막대한 통일 비용을 감당할 수 없다. 따라서 흡수통일은 현실적으로 어렵다는 얘기였다. 그런데 북한은 통일 비용을 논의하는 것 자체에 극도로 불편한 반응을 보였다.

한강 물길 통하면 서해는 요트 천국

2007년 여름, 청와대 정책실장으로 있을 때였다. 그해 10월 남북 정상회담을 앞두고 여름부터 준비했다. 추진위원장은 문재인 대통령 비서실장이었다. 정상회담 준비는 외교 안보 라인이 중심이었다. 정책실은 경제 협력 관련 아이디어 두 건, 서해안과 개마고원 공동 개발에 집중했다. 나는 노무현 대통령과의 식사

자리에서 자세한 얘기를 꺼냈다. 권양숙 여사도 함께했던 것으로 기억한다.

내 생각은 이랬다. 소득 수준이 올라가면 자연스럽게 레저와 스포츠 수요가 늘어난다. 그중에서도 요트의 잠재력에 주목했다. 그런데 결정적 한계가 있다. 임진강과 만나는 군사분계선 근처 한강 하구는 민간 선박의 통행이 꽉 막혀 있다. 분단 전처럼 길이 열려 한강에서 요트를 타고 강화도 앞바다로 나갈 수 있다면 어떨까. 분위기가 완전히 달라질 것이다. 1988년 서울올림픽 직후 '마이카 시대'가 열렸던 것처럼 요트 붐이 일어날 수 있다.

'남북이 서해안과 한강 하구에서 안전한 물길을 보장한다. 관광이나 레저 관련 수익은 공유한다.' 이게 서해안 공동 개발의 기본 개념이었다. 국내 수요만 내다본 게 아니었다. 바다 건너편 중국 산둥반도에는 항구 도시 칭다오가 있다. 칭다오는 세계적인 요트 도시이기도 하다. 2008년 베이징올림픽 때는 이곳에서 요트 경기를 했다. 물론 서해안 공동 개발을 구상한 시점은 올림픽 이전이다. 당시에도 칭다오의 요트 마리나는 대단한 수준이었다.

칭다오에서 요트를 타면 강화도와 백령도는 물론이고 서울이나 개성까지 올 수 있다. 우리도 한강에서 요트를 타고 서해안을 거쳐 칭다오 등으로 갈 수 있다. 탁 트인 바다에서 요트를 즐기는 사람들의 만족도는 비행기와는 비교할 수 없다. 약간 과장을 보태면 서해안은 요트 천지가 될 거라고 예상했다. 요트를 타는 사람은 대체로 소득 수준이 높다. 중국에서 돈 있는 사람들이 서해안으로 몰려오면 엄청난 관광 수익을 기대할 수 있다. 이런 생각으로 강화도 주변 지도를 자세히 살펴보기도 했다.

삼성에 의뢰해 보고서 받아

개마고원 공동 개발도 레저 수요에 초점을 뒀다. 여름에는 골프장, 겨울에는 스키장으로 활용하는 아이디어를 냈다. 그때는 금강산 관광이 활기를 띠던 시절이다. 북한이 개방만 결정하면 개마고원 관광도 불가능한 시나리오가 아니었다. 필요하면 해외 투자도 유치해 최고급 관광 단지를 조성할 수 있다고 보았다.

개마고원 공동 개발을 제안하려면 좀 더 자세한 정보가 필요했다. 삼성경제연구소에 의뢰해 보고서를 받았다. 개마고원이 어떤 곳인지, 충분히 개발할 만한 지역인지 알아봐 달라고 했다. 공식 요청은 아니고 개인적 부탁이었다.

청와대에 있을 때 다른 사안도 삼성경제연구소에 의뢰한 적이 있다. 대통령 이미지 관리 즉 PI(President Identity)를 어떻게 하면 좋을지 의견을 구했다. 당시 노 대통령의 지지도가 낮아서 고민이었다. 개인용 참고자료로 보고서를 받아 보았다. 다른 데는 부탁할 만한 곳이 마땅치 않았다. 기획예산처 장차관으로 있을 때도 몇 번 비슷한 일이 있었다. 삼성경제연구소에 물어보면 보고서를 만들어 주고는 했는데 연구소의 윤순봉 연구조정실장이 창구 역할을 했다.

2003년 노무현 정부 출범 직후에는 이런 일도 있었다. 이광재 청와대 국정상황실장이 은밀히 자료를 보냈던 것으로 기억한다. 당시 나는 기획예산처 차관이었다. 이 실장이 보낸 자료에는 1급 이상 고위 공무원들의 평가서가 있었다. 이런 평가가 맞는지, 고칠 부분은 없는지 검토해 달라고 했다. 경제 분야뿐 아니라 정부 부처 전체가 대상이었다.

정확한 건 모르지만 당시에는 삼성 쪽에서 작성한 게 아닌가 추측했다. 이 정도로 광범위하게 고위 공무원들의 정보를 알고 있는 건 삼성밖에 없다는 생각이었다. 나는 주로 예산 업무를 했기 때문에 다른 부처 공무원도 많이 알았다. 이 실장은 가장 믿을 만하면서 조용히 일을 처리하는 데 내가 적임이라고 본 것 같다. 나는 어디서 이런 자료가 났느냐고 물어보지 않았다.

준비 과정에서 많은 일을 했지만 노 대통령을 수행해 평양에 가지는 못했다. 정상회담을 한 달 앞두고 사직했기 때문이다. 나중에 보니 개마고원 공동 개발 아이디어는 어디론가 사라져 버렸다. 우리 쪽에서 아예 말을 꺼내지도 않았는지, 아니면 말을 하긴 했는데 북한에서 반대했는지 여부는 모르겠다.

서해안 공동 개발은 '서해평화협력특별지대'란 이름으로 10·4 남북 공동선언에 들어갔다. 외교 안보 라인에서 정상회담을 주관하다 보니 경제적 측면보다 평화 협력을 강조했던 것 같다. 서해안에서 남북이 관광 수익을 공유하더라도 더 많은 이익을 얻는 건 우리 쪽이다. 북한도 그걸 모르지는 않을 거다. 이후 정권이 바뀌면서 NLL을 양보했느냐 아니냐를 두고 소모적 정치 공방이 벌어졌다. 그러는 사이 서해안 공동 개발은 뒷전으로 밀려 흐지부지돼 버렸다.

"평양은 경쟁이 멸종한 도시"

그 후 평양에 가 볼 기회가 있었다. 2018년 10월 4~6일이다. 노무현재단에서 10·4 선언 11주년 기념행사를 평양에서 했다. 당시 재단 이사장이 이해찬 전 총리였다. 그해 9월 평양에서 남북 정상회담이 열렸을 때 평양에서 기념행사를 열기로 합의했다고 한다.

방문단은 경기도 성남 서울공항에서 군 수송기를 타고 갔다. 재단에서 방문자 명단을 정리하는데 난리가 났다고 들었다. 워낙 가고 싶어 하는 사람이 많아서였다. 나는 빠지겠다는 뜻을 전했지만 재단에선 상임운영위원인 내가 안 가면 안 된다고 했다.

평양에 가 보고 느낀 점이 많았다. 예전에 평양을 봤던 사람들은 "많이 발전했다"고 하며 감탄했다. 하지만 내가 거리를 관찰하고 내린 결론은 전혀 달랐다. '이 정도로는 어림도 없겠는걸' 하는 생각이 들었다.

마침 이 전 총리와 함께 그런 이야기를 나눌 기회가 있었다. 동물원인지 농장인지 시찰하던 중에 나무 그늘에 앉아 1시간 정도 대화를 나눴다. 내가 말했다. "이대로는 북한이 절대로 경제 발전을 못 합니다. 시장경제의 기본이 자율·경쟁·개방입니다. 당장 북한에서 자율·경쟁·개방을 100퍼센트 받아들일 순 없겠죠. 적어도 부분적으로는 해야 하는데 그럴 기미가 전혀 안 보입니다."

그러면서 버스로 돌아다니며 평양 거리를 둘러본 감상을 전했다. "시내 어디를 다녀도 상업 광고판 하나를 본 적이 없습니다. 오로지 자력갱생뿐입니다. 경쟁이 완전히 멸종했다는 뜻입니다." 이 전 총리도 내 말을 귀담아듣는 듯했다.

방문단 면면을 보고도 느낀 점이 있었다. 노무현재단에서 선정한 인원은 150명 정도였다. 그중에 경제 관료 출신이나 경제 전문가라고 할 만한 사람이 나밖에 안 보였다. 이러다가 노무현노믹스는 완전히 잊힐 수도 있겠구나, 그런 생각이 들었다. 더 늦기 전에 노무현 정부의 경제 정책을 제대로 알려야겠다고 결심하는 계기가 됐다.

북한 경제가 살아나려면 개혁 개방이 필수적이다. 공산주의 국가지만 개혁 개방을 추진한 사례는 드물지 않다. 중국과 베트남이 대표적이다. 그런데 북한은 중요한 차이가 있다. 봉건 왕조에서나 있을 법한 '3대 세습'이다. 북한이 3대 세습을 유지하면서 개혁 개방으로 갈 수 있을까. 나로선 아무리 고민해 봐도 방법이 보이지 않는다.

병사 봉급 인상은 첫 단추,
모병제로 가야 한다

'세상은 참으로 불평등하다.' 군대에서 이 말을 절감했다. 사실 나는 행정고시에 합격했기 때문에 장교로 갈 수 있는 상황이었다. 그런데 일반 병사로 가겠다고 자청했다. 밑바닥 생활을 경험하고 싶어서였다. 나름대로 순수한 마음에서 선택했는데 곧 후회했다.

나는 1973년 대학을 졸업하고 그해 가을 행시에 합격했다. 사무관으로 임용되고 첫 보직이 조달청 차장 비서관이었다. 그때만 해도 조달청 위세는 대단했다. 전국 부두 물동량의 80퍼센트가량이 조달청 소관이었다. 식량이 풍족하지 않던 시절에 쌀이나 소고기 수입도 조달청이 맡아서 했다. 나로선 20대 젊은 나이에 너무 근사한 대접을 받았다. 이러면 안 되겠다는 생각이 들었다.

1974년 가을에 입대해 충남 논산훈련소로 갔다. 수용연대(현 입소대대)에 발을 들여놓는 순간 후회가 밀려왔다. 며칠 동안 제대로 먹지도 못했다. 밥에선 냄새가 났다. 내가 속한 훈련소 내무반은 대부분 국민학교(초등학교)만 나온 사람들이었다. 중학교 졸업자도 좀처럼 보기 어려웠다.

기초훈련을 마치고 강원도 철원의 6사단으로 배치를 받았다. 겨울이면 영하 20도의 강추위에 경계 근무를 섰다. 총기 사고를 방지한다며 총알이 없는 빈 총을 들고 나갔다. 어느 날 사단 군법회의(군사재판)에서 법무 서기를 맡을 사람을 찾았다. 원래 준위급 보직인데 마땅한 사람이 없어서 나에게 시켰다. 그렇게 법무 교육을 담당하며 공병대 일과를 지켜본 기억이 난다. 그들은 최전방 철책선 보수 등 끊임없는 작업에 시달렸다. 워낙 고된 생활에 탈영병이 생길까 봐 휴가 기간에도 개인행동을 금지하고 단체로 다니게 했다.

그러다 국방부 본부 수송계를 거쳐 국방대학원으로 전출됐다. 그곳 병사들은 장교가 내무반 청소를 시키면 투덜댔다. 내무반 청소도 용역 직원이 대신할 정도로 편한 분위기였던 것이다. 전방과 비교하면 극과 극이었다. 지금은 잘 모르겠지만 예전 군대는 부대 배치와 보직에 따라 생활이 달라도 너무 달랐다. 내가 모병제 소신을 갖게 된 바탕에는 이런 군대 시절 경험이 있었다.

"그동안 돈을 어디에 썼다는 겁니까"

그 후 30년가량 지났다. 나는 2005년 1월 기획예산처 장관 임명장을 받았다. 예산을 총괄하는 입장에서 다른 부처 업무에 관여하는 경우가 적지 않았다. 그때 국방부의 당면 과제는 국방 개혁이었다. 정확한 시기는 기억나지 않지만 이런 일이 있었다. 국방부가 남북한 전력의 비교 자료를 노 대통령에게 보고했다. 북한이 보유한 탱크는 얼마인데 우리는 훨씬 적다. 다른 분야에서도 우리 전투력이 열세다. 전쟁이 벌어지면 우리가 이기기 어렵다. 그러니 국방비를 더 투입해야 한다는 논리였다.

그 자리에는 나도 참석했는데 솔직히 이해가 되지 않았다. 당시 국방 예산은 국내총생산(GDP)의 3퍼센트 수준이었다. 우리 GDP는 북한의 약 30배였다. 따라서 우리나라 국방 예산은 북한의 GDP 총액과 맞먹었다. 이런 점을 들어 의문을 제기했다. "남북한 경제 격차가 커지고 우리 국방 예산이 북한을 능가한 지 수십 년이 지났습니다. 그런데 북한이 아직도 우리보다 우세하다는 게 이해가 안 됩니다. 그동안 돈을 어디에 썼다는 겁니까."

노 대통령도 비슷한 생각이었다. 국방부 보고를 받으며 화를 냈다. "이런 식으로 보고하려면 하지 마세요." 할 수 없이 윤광웅 국방장관이 나중에 자료를 수정해 다시 보고한 적이 있다.

그 무렵 나는 '비전 2030'을 만드는 작업에 매달렸다. 정부가 어떻게 돈을 써서, 나라를 어떤 모습으로 바꾸겠다고 설명한 장기 계획서다. 비전 2030에는 청년 인적 자원을 어떻게 효율적으로 활용할 것인가 하는 내용도 있었다. 다른 나라에 비해 청년의 사회 진출이 늦은 게 고민거리였다. 이걸 앞당기려면 군 복무 부담을 덜어 줘야 했다.

국방부가 '국방개혁 2020'을 발표한 건 2005년 9월 13일이었다. 여기엔 군 병력을 단계적으로 감축하는 계획도 있었다. 당시 68만 명이던 총병력을 2020년까지 50만 명으로 줄이기로 했다. 공식 발표를 앞둔 9월 1일 대통령이 참석한 내부 회의를 열었다. 노 대통령이 기획예산처와 국가안전보장회의(NSC)에 함께 지시를 했다. 그 중엔 징병제를 유지할지 모병제를 도입할지 신중하게 검토해 보라는 것도 있었다.

병역 의무 명목으로 청년을 공짜로 써선 안 돼

2006년 3월 비공개 내부 보고서를 작성해 노 대통령에게 보고했다. 제목은 '청년 인적 자원의 효율적 활용 방안'이었다. 독일 모델을 참고해 병역 의무를 투 트랙(두 가지 경로)으로 구분했다. 하나는 군부대 현역 복무, 다른 하나는 복지 시설 등에서 일하는 사회 복무였다.

주요 내용은 이랬다. 현역은 복무 기간을 18개월로 단축하고 월급도 대폭 올려준다. 사회 복무는 현역보다 기간을 8개월 정도 길게 한다. 병영 생활 환경은 획기적으로 개선한다. 그러면 억지로 시키지 않아도 현역 복무를 선호할 것으로 기대했다. 전경과 의경, 교정시설 경비교도대는 단계적으로 폐지하자고 했다.

그 배경에는 노동 집약 군대에서 기술 집약 군대로 바꿔 나가자는 구상이 있었다. 병역 의무란 명목으로 청년을 거의 공짜로 데려다 쓰겠다는 발상에서 벗어나야 했다. 인건비가 비싸지면 자연스럽게 첨단 장비를 찾는 수요가 늘어날 것으로 보았다. 모병제는 당장 도입하기 어려우니 장기 과제로 추진하자고 했다.

해안선을 경비하는 철책선을 없애 나가는 것도 역점 과제였다. 국민 생활에 불편만 주고 진정한 의미의 안보와는 별로 관계가 없다고 봤기 때문이다. 예전에는 아름다운 해안선을 따라 철책선이 쳐져 있었다. 보통 때는 일반인 출입을 제한하고 여름 휴가철에만 잠시 개방하는 정도였다.

무장 간첩이 해안으로 침투하는 건 당연히 막아야겠지만 그 방식이 너무 비효율적이었다. 드넓은 해안에 초소 몇 개 세워 놓고 소총 든 보초가 육안으로 감시한다는 건 과거에는 몰라도 21세기에는 맞지 않았다. 열 감지 장치가 있는 무인 카메라나 CCTV로 해안을 감시하다가 긴급 상황이 발생하면 기동타격대를 출동시키는 게 훨씬 효율적이라고 보았다. 첨단 장비를 살펴보기 위해 노무현 대통령과 대덕연구단지에 가 보기도 했다. 철책선을 없애면 해안에서 식당이나 숙박업 등을 하는 소상공인에게도 자연스럽게 도움이 될 터였다.

당시 해안 철책선 제거는 총리실에서 총괄했다. 나는 여러 차례 노 대통령의 강력한 의지를 전달했다. 처음엔 찔끔찔끔 단계적으로 없애 나가겠다고 해서 그러면 안 된다고 상당히 강하게 얘기했다. "돈은 전혀 걱정하지 마세요. 필요한 예산안을 가져오면 얼마든지 지원하겠습니다." 이렇게까지 했는데도 쉽지 않은

2006년 초여름 충남 계룡대에서 열린 국방 개혁 간담회에서 김장수(왼쪽 둘째) 육군 참모총장이 인사말을 하고 있다. 왼쪽부터 김성일 공군 참모총장, 김장수 총장, 변양균 기획예산처 장관, 남해일 해군 참모총장. (자료출처: 변양균)

변양균 전 기획예산처 장관이 20대 중반 병사로 입대했던 시절 총을 들고 경계 근무 포즈를 취한 모습. (자료출처: 변양균)

일이었다.

2006년 초여름이었다. 윤광웅 장관이 도움을 청해 왔다. 나보고 육해공군 참모총장을 만나 국방 개혁과 병역 개편 방안을 설명해 달라고 했다. 대강 짐작이 갔다. 해군 출신인 윤 장관으로선 육군 등을 설득하는 게 쉽지는 않았을 것이다. 충남 계룡대에 1박 2일 일정으로 갔다. 3군 참모총장과 저녁을 먹으며 호소했다. "지금 병력 운용의 비효율성이 심하지 않습니까. 이대로는 안 됩니다. 병사들 처우를 개선해야 합니다. 그게 진정으로 국방력을 강화하는 길입니다."

열심히 설명했는데 반응이 차가웠다. 찬성도 반대도 아니고 침묵이었다. 3군 참모총장들도 노 대통령의 국방 개혁 의지를 알고 있었다. 내 설명이 사실상 대통령 메시지라고 생각했을 것이다. 그러니 대놓고 반박하지는 못했지만 흔쾌히 받아들이지도 않았다. 관료 사회도 개혁이 쉽지 않다. 군대는 훨씬 어렵겠다는 생각이 들었다.

윤 장관이 2006년 10월 사의를 밝혔다. 노 대통령은 후임으로 군 출신이 아닌 민간인 국방장관을 깊이 고민했다. 유력 후보는 장영달 의원이었다. 4선 의원으로 국회 국방위원장을 한 경력도 있고 본인도 강력하게 희망했다. 하지만 김장수 육군 참모총장을 후임 장관에 임명했다. 노 대통령은 나중에 민주평화통일자문회의에서 이렇게 설명했다. "국방부 문민화, 민간인 국방장관을 임명하는 문제는 좀 뒤로 미뤘습니다. 한꺼번에 다 그렇게 해 놓으면 어지러워서 안 될 것 같아서요."

'5년 일찍 취직, 5년 늦게 퇴직' 구상

모병제에 대해 노 대통령과 얘기한 건 한두 번이 아니었다. 나는 경제적 관점에서 모병제의 필요성을 말했다. 사실 군대에 가는 사람은 자기가 노동 시장에서 받을 수 있는 돈만큼 세금을 내는 셈이다. 이런 식으로 숨어 있는 기회비용이 연간 수십조 원이라고 보았다. 모병제를 반대하는 사람들은 "모병제를 하면 가난한 사람만 군대에 간다"고 주장한다. 나로선 제도의 장단점에 대한 차분한 토론보다 이념 대립에 빠질 가능성이 걱정됐다. 어쨌든 군대를 정말 괜찮은 일자리로 바꾸면 이런 오해도 상당 부분 해소할 수 있을 것이다. 용어도 모병제 대신 직업군인제로 바꾸면 좋겠다고 했다. 노 대통령은 양심적·종교적 병역 거부 논쟁에 마침표를 찍을 수 있다는 점에서 모병제를 찬성했다. 하지만 국민과 군을 설득하는 게 너무 어려울 것으로 판단했다. 우선 국방 개혁을 추진하되 장기적으로 모병제로 가는 바탕을 만들자고 했다.

2006년 12월 1일 국방개혁기본법안이 국회 본회의를 통과했다. 2020년까지 단계적으로 추진할 국방 개혁 방안을 법제화한 것이었다. 이것으로 끝이 아니었다. 군 복무 기간과 연계한 '생애 근로 시간 연장'이 중요한 과제였다.

그때 한국이 경제협력개발기구(OECD) 회원국 중 불명예 1위를 차지한 통계가 있었다. 근로자 1인당 연간 근로 시간이었다. 그런데 생애 전체로 보면 근로 시간이 절대 길지 않았다. 우리는 선진국에 비해 10년가량 짧게 일했다. 상대적으로 늦게 사회에 진출하고 일찍 은퇴하기 때문이었다. 그만큼 생애 소득은 적고 자산 축적도 불리했다. 반면에 일하는 기간에는 과잉 노동에 시달렸다. 생활의 질이 안 좋을 수밖에 없었다.

내부적으로 '5+5 전략'이란 이름을 붙였다. '5년 일찍 취직하고 5년 늦게 퇴직하기'란 의미였다. 초등학교 입학 연령을 1년 앞당기고 초중고 교육 기간을 1년 단축하는 내용을 담았다. 군 복무 기간은 18개월로 단축하자고 했다. 대통령 임기가 1년여밖에 안 남았기 때문에 시간이 없었다.

2007년 2월 5일 한명숙 총리가 '2+5 전략'을 발표했다. '2년 일찍 취직하고 5년 늦게 퇴직하기'라고 했다. 이름이 좀 달라졌지만 큰 틀에선 비슷한 내용이었다. 다만 초중고 학제 개편은 사회적 공론화 과정을 거치기로 했다. 이후 정권이 바뀌면서 국방 개혁도, 2+5 전략도 원래 구상과 비교해 많이 달라졌다.

2022년 들어 반가운 소식이 있었다. 윤석열 정부의 병사 월급 200만 원 인상 계획이다. 나는 적극 찬성이다. 군대에서 의식주를 제공하는 것까지 생각하면 일반 직장에서 300만~400만 원을 받는 것과 비슷하다. 궁극적으로 모병제를 하려면 병사 봉급을 대폭 인상해야 한다. 병사 봉급부터 올리는 건 일의 선후가 바뀐 감은 있다. 그렇더라도 모병제로 가기 위해 중요한 걸림돌을 치우는 효과가 있다. 귀중한 청년 인력을 데려다 쓰면서 적절한 대가를 지불하는 건 당연하다. 이렇게 인건비가 비싸져야 노동 집약 군대에서 기술 집약 군대로 바꾼다. 언젠가 우리도 사회적 합의를 토대로 모병제로 전환할 수 있기를 희망한다.

용산공원 부지가 일반 국민에게 시범 개방된 후 첫 주말인 2022년 6월 11일 오전 서울 용산공원을 찾은 시민들이 주말 나들이를 즐기고 있다. (자료출처: 연합뉴스)

노태우가 열고 노무현이 민
용산 시대, 윤석열이 매듭

서울 용산공원이 드디어 국민의 품으로 돌아오고 있다. 노무현 전 대통령의 꿈이 윤석열 대통령의 집무실 이전으로 현실로 성큼 다가왔다. 노 대통령 구상에 완전히 일치하는 건 아니지만 상당히 비슷하게 가고 있다. 1882년 임오군란 이후 청나라 군대가 용산에 주둔한 것부터 따지면 140년 만이다.

용산공원 특별법이 국회 본회의를 통과한 건 2007년 6월이었다. 내가 청와대 정책실장으로 있을 때 핵심 입법 과제였다. 원래 정부가 제출한 법안 명칭은 '용산민족역사공원 특별법'이었다. 용산공원의 역사적 의미를 강조한 명칭이었다. 국회 심의 과정에서 공원 명칭이 조금 달라졌지만 중요한 문제는 아니다.

용산공원에 대해 노 대통령과 정말 많은 대화를 나눴다. 노 대통령은 세계 어느 나라에서 수도 한복판에 외국군이 있느냐고 했다. 용산기지를 두고 "간섭과 침략과 의존의 상징"이라고 말했다. 구한말에는 청나라 군대, 일제 강점기에는 일본 군대, 해방 후에는 미군이 주둔한 걸 이렇게 표현했다. 이런 '굴욕의 역사'를 빨리 청산해야 한다고 강조했다. 용산에 있는 군대가 우방국 군대냐, 아니냐 하는 문제가 아니라고 봤다.

용산공원 조성을 서두르려면 미군을 경기도 평택기지(캠프 험프리스)로 신속히 보내야만 했다. 원래 노 대통령 임기 안에 미군기지 이전을 완료하는 게 목표였지만 그러기엔 시간이 촉박했다. 2008년 말까지는 미군이 용산에서 완전히 나간다는 협정을 맺었다. 세부 조건을 놓고 서로 밀고 당기는 협상도 벌였다. 노 대통령은 어지간하면 미군이 원하는 대로 들어주라는 쪽이었다. 평택기지 면적(1467만㎡, 약 444만 평)은 용산기지의 다섯 배 정도 된다. 미군이 해외에 주둔하는 기지 중에서 가장 큰 규모다. 그 정도로 미군의 요구를 최대한 수용했다.

용산기지 이전은 보수와 진보 정부 모두 공감대

미군은 이런 것도 요구했다. 용산기지 영내에 미군 간부 숙소가 많이 있었는데, 한국이 비용을 부담해 평택에 대체 주택을 지어 달라고 했다. 정부 안에선 미군 간부와 가족이 생활할 숙소를 우리가 지어 주는 게 맞느냐는 말도 나왔다. 결국 우리가 양보해 대체 주택 333채를 지어 주기로 했다. 대신 주택 소유권은 우리가 갖는 것으로 했던 기억이 난다.

미군기지 이전 비용을 포함하면 겉보기엔 국방 예산이 크게 불어난다. 국방부는 이전 비용을 제외한 실질적인 국방 예산이 줄어들지 않을까 걱정했다. 나는 이런 걱정을 덜어 줘야 했다. 2006년 예산안부터 '주한미군기지이전 특별회계'를 편성했다. 내가 기획예산처 장관으로 있던 때였다. 일반 국방 예산과 기지 이전 예산을 별도로 관리하기 위해서였다.

용산공원을 추진한 건 노무현 대통령이 처음은 아니다. 예전에 노태우 대통령 때도 본격적으로 추진한 적이 있다. 노무현 대통령 회고록《성공과 좌절》에는 이런 말이 나온다. "작통권(작전통제권) 환수, 주한 미군 재배치, 용산기지 이전 등은 다 노태우 대통령 시절에 시작한 것"이라고 했다. 그만큼 용산기지 이전은 보수와 진보의 구분을 넘어 역대 정부에서 공감대가 있던 사안이었다.

노태우 정부는 1990년 6월 미군과 용산기지 이전 합의서를 체결했다. 1996년 말까지 기지 이전을 완료한다는 내용을 담았다. 미군이 떠난 용산기지에는 대규모 공원을 조성할 계획이었다. 1차로 골프장 부지를 돌려받아 용산가족공원으로 문을 열었다. 그런데 더는 진전이 없었다. 이렇게 용산기지 반환은 멈춰 버리고 세월만 흘러가는 상황이었다.

노무현 정부의 용산공원 구상이 노태우 정부와 다른 점도 있었다. 우선 사업 주체를 서울시가 아닌 중앙정부(건설교통부)로 바꿨다. 서울 시민만이 아닌 전 국민을 위한 공원을 만들기 위해서였다. 미국 뉴욕의 센트럴파크보다 더 좋게 만들어 세계적 관광지로 조성하려고 했다. 그러자면 서울시 힘만으로는 부족하다고 판단했다.

노무현 대통령은 용산공원 지상에 단 하나의 건물도 짓지 말자고 했다. 용산공원 일부에 건물을 세우려고 했던 노태우 정부와는 기본 개념이 달랐다. 노무현 정부 때도 투자 비용을 회수하기 위해 공원에 건물을 넣자는 의견이 없지 않았다. 만일 공원 부지 일부를 매각하거나 상업용과 주거용 건물로 개발하면 큰돈이 생길 수도 있었다. 하지만 그러면 안 된다는 게 노 대통령의 확고

한 의지였다. 물론 방문객을 위한 매점이나 공원 관리시설 등은 필요하다. 이런 시설은 전부 공원 지하에 두라고 지시했다.*

국민에 가까이 다가간 용산 대통령실

그 후 15년간 용산공원 조성은 지지부진했다. 한미연합군사령부(한미연합사)는 2022년 11월에야 용산에서 평택으로 이전을 마무리했다. 미군도 서울에서 서둘러 나가고 싶지는 않았던 게 아닌가 추측한다.

2022년 3월 대통령직 인수위원회에서 용산 대통령실 이전을 발표했다. '노무현의 꿈'을 잘 아는 나로선 기분이 너무 좋았다. 대통령실이 옮겨 오면서 용산공원 조성도 속도를 낼 것으로 기대했기 때문이다.

윤 대통령이 청와대에 들어가지 않은 건 잘한 일이다. 청와대는 위치부터 좋지 않았다. 중세 유럽 성주처럼 높은 곳에서 백성

● 고건 전 총리에 따르면 노태우 정부 시절 서울시는 시청사를 용산공원 한쪽에 지으려고 구상했다. 당시 관선 서울시장이던 고 전 총리는 자신의 회고록에서 "지하철 6호선 계획을 수립하면서 장차 시청사가 들어갈 위치 가까이에 녹사평역을 건설하도록 했다"고 소개했다.

을 내려다보는 자리다. 일제 강점기에는 조선 총독 관저가 있던 곳이다. 예전에 고종도 대한제국을 선포한 뒤 구중궁궐인 경복궁을 떠나 백성과 가까운 덕수궁으로 옮겼다. 대통령실 용산 이전은 백성 위에 군림하던 성주의 자리를 벗어나 국민에게 더 가까이 다가갔다는 의미가 있다. 용산 지역의 역사를 바로 세우는 의미도 동시에 갖고 있다.

"싸워야 한다면 국내 말고 외국서 해야"

노무현 정부 때 미국과의 관계에서 또 다른 큰 이슈는 이라크 파병이었다. 내가 청와대 정책실장으로 있던 2006년 11월의 일이다. 국회에 파병 연장 동의안을 제출해야 하는 시기가 다가왔다. 전투 능력을 갖춘 자이툰 부대를 이라크에 처음 보낸 건 2004년 8월이었다. 이후 매년 국회 동의를 받아 파병 기간을 1년씩 연장했다.

만일 연말 국회에서 파병 연장 동의안을 통과시키지 않으면 부대를 철수할 수밖에 없었다. 노 대통령 지지자들이 앞장서서 파병 연장에 반대했다. 당시 여당인 열린우리당 안에서도 반대 목소리가 컸다. 일부 여당 의원은 철군 촉구 결의안까지 제출하

1 노무현 대통령이 2004년 12월 8일 이라크 북부 아르빌 지역에 있는 자이툰 사단을 전격 방문, 이라크 평화 재건 활동 임무를 수행하고 있는 장병들을 격려했다. 부대원들을 격려한 노 대통령은 내무반을 둘러본 후 장병 100여 명과 함께 기념 촬영을 했다. 기념 촬영 뒤 자이툰 부대 주둔지에 있는 자이툰 병원으로 이동하던 중 한 병사가 뛰어나와 "대통령님 한번 안아보고 싶습니다"라고 말한 뒤 노 대통령을 안고 한 바퀴 돌기도 했다. (자료출처: 노무현재단)
2 노무현 대통령이 장병 100여 명과 함께 파이팅을 외치며 기념 촬영을 하고 있다. (자료출처: 노무현재단)

며 노 대통령을 압박했다. 노 대통령도 최종 결정을 내리지 못하고 계속 고민했다.

그 무렵 다른 사안을 보고할 때였다. 단둘이 있는 자리에서 노 대통령이 내 의견을 물었다. 나는 이렇게 되물었다. "국가가 군대는 왜 보유하는 겁니까." 그러면서 이런 논리를 폈다. "애초에 전쟁은 나쁜 것이고 군대도 필요 없다는 사람들에게 무슨 말을 하겠습니까. 그래도 현실적으로 군대가 존재하지 않습니까. 가만히 먹여 주고 재워 주고 하려고 군대를 두는 게 아닙니다. 외국에서 작전 경험을 쌓을 기회가 오면 마땅히 파병해야 합니다."

역사 이야기도 꺼냈다. "예전 청일전쟁이나 러일전쟁을 생각해 보십시오. 남의 나라 군대가 우리 땅에서 전쟁을 벌였습니다. 정말 어쩔 수 없이 전투를 해야 한다면 국내가 아니라 외국에서 해야 합니다." 노 대통령이 가만히 듣고 있었다. 지지자들과 반대되는 목소리지만 논리적으로 맞는다는 생각이 들 때 종종 보이는 반응이었다.

이라크 파병은 안보실 소관이어서 평소에는 내 의견을 말할 기회가 없었다. 안보실에선 나처럼 까놓고 얘기하진 못했을 것이다. 미국과의 관계 때문에 파병 연장이 불가피하다고 보고했을 가능성이 있다. 그런 건 노 대통령에게 설득력이 약했다. 미국과의 관계를 떠나서도 우리 스스로 이익이 될 것이라고 말해 주는 사람이 필요했다.

결국 2006년 12월 1일 정부는 파병 연장 동의안을 국회에 제출했다. 같은 달 22일 국회 본회의를 통과했다. 자이툰 부대가 이라크 현지에서 최종 임무를 마치고 귀국한 건 2008년 12월이었다. 그 후 남수단이나 소말리아 해역 등에도 우리 부대를 파견했다는 뉴스를 봤다. 멀리 다른 나라에서 임무를 수행 중인 장병들에게 항상 지지와 응원을 보낸다.

정부세종청사가 위치한 세종특별자치시 어진동 일대 항공 사진. 노무현 대통령 후보는 대전
지역 경선에서 신행정수도 건설을 공개적으로 꺼냈고 2002년 9월 30일 이를 공약으로 제시
했다. 2006년 12월 21일 행정중심복합도시 추진위는 세종시로 도시명을 확정해 발표했다.
이후 세종시가 정식으로 출범한 건 2012년 7월이었다. (자료출처: 대한민국역사박물관 현대
사아카이브)

"독재 정권도 못 해낸 일을 하겠다면 국민이 믿겠습니까"

미국에는 워싱턴, 호주에는 시드니라는 도시가 있다. 외국에는 유명인 이름을 따서 도시명을 정하는 경우가 많다. 국내에선 드물지만 전혀 사례가 없는 것도 아니다. 옛 충남 연기군 등을 편입해서 만든 세종특별자치시다.

세종시는 최초 구상부터 출범까지 30년 넘게 우여곡절을 겪었다. 나는 두 번의 정부에서 작은 힘을 보탤 기회가 있었다. 1970년대 박정희 정부와 2000년대 노무현 정부 때다. 어쩌다 보니 세종시라는 도시명을 정하는 데도 관여했다. 이번엔 행정수도 이전 계획과 세종시에 대해 말해 보려고 한다.

2002년 9월 무렵이다. 12월 대통령 선거를 앞두고 유력 후보들의 움직임이 바빠졌다. 내가 '친정'인 기획예산처로 복귀해 기획관리실장을 맡은 지 7개월 정도 지난 시점이었다. 그전에는 김대중 정부의 여당인 새천년민주당에서 정책위원회 수석전문위원을 했다.

노무현 후보 대선 캠프의 이광재 기획팀장이 전화를 걸어왔다. 이 팀장이 이렇게 물었다. "행정수도 이전에 대해 어떻게 생각하십니까. 국가 경제적으로 타당성이 있겠습니까."

갑작스러운 질문이었다. 당시 대강 이런 취지로 답한 것 같다. "역대 정부가 지역 균형 발전을 추진했는데 잘 안 되고 서울 집중화만 심해졌습니다. 이제 와선 다소 과격한 조치라도 하지 않으면 해결이 쉽지 않을 거라고 봅니다. 행정수도 이전으로 정부 기관이 전부 옮겨 가는 것도 좋은 방법입니다."

지역 균형 발전 위해 다소 과격한 조치라도 해야

그때는 뭐 하려고 이런 걸 물어보나 생각했다. 나중에 이병완

전 청와대 비서실장의 이야기를 듣고 의문이 풀렸다. 그는 2002년 대선 캠프에서 연설문 작성을 담당했고, 민주당 국가경영전략연구소 부소장도 맡고 있었다.

노 후보는 그해 9월 30일 신행정수도 건설을 공약으로 제시했다. 민주당 중앙선거대책위원회 발족식에서 주요 공약을 정리해 발표했다. 하루 전날 대선 캠프에선 논쟁이 벌어졌다고 한다. 신행정수도 공약을 넣느냐 마느냐가 관건이었다.

이 부소장의 설명을 요약하면 이랬다. 처음에 노 후보는 신행정수도 공약을 넣는 데 주저했다. 이 부소장이 신행정수도를 포함한 연설문 초안을 내놓았다. 노 후보는 표정이 약간 일그러지며 이렇게 되물었다고 한다. "독재 정권도 못 해낸 일을 하겠다면 국민이 믿겠습니까. 지금 형편에 이걸 내놓으면 웃음거리가 되는 거 아닌가요."

임채정 민주당 정책위 의장은 반대였다. 정동채 후보 비서실장은 말이 없었다. 적극적으로 찬성하고 나선 건 이해찬 대선 기획단장이었다. 이 단장은 서울대 캠퍼스까지 옮기자고 해서 이 부소장이 말렸다고 한다.

이 부소장은 노 후보를 이런 논리로 설득했다. 민주당은 그해 3~4월 국민참여경선을 도입해 지역별로 돌아가며 대선 후보 선

출 투표를 진행했다. 노 후보는 대전 지역 경선에서 신행정수도 건설을 공개적으로 제시했다. 그러니 충청권 유권자를 실망시키지 않으려면 정식으로 대선 공약에 포함해야 한다는 얘기였다.

이광재 팀장은 1988년 노 후보가 초선 국회의원이던 시절부터 보좌관으로 함께한 최측근이다. 과연 신행정수도 건설이 타당성 있는지 의견을 구하고 싶었을 것이다. 나는 민주당 수석전문위원으로 있을 때 노 후보를 만난 뒤 푹 빠져 있었다. 비밀이 샐 염려가 없으면서 솔직한 의견을 말해 줄 사람으로 나를 떠올렸던 게 아닌가 생각한다.

박정희 때는 김재익 국장 지시로 비밀 작업 참여

행정수도 이전을 추진한 건 노무현 대통령이 처음은 아니다. 박정희 대통령이 임시행정수도 구상을 공개적으로 밝힌 건 1977년 2월이었다. 그해 7월에는 특별법까지 공포했다. 박 대통령은 북한의 남침 가능성에 대비하는 안보적 목적도 중요하게 고려했다. 1970년대 중반은 베트남, 캄보디아, 라오스 등이 잇따라 공산화하며 국제적으로 긴장이 높아지던 시절이었다.

그 무렵 나는 군 복무를 마치고 경제기획원에 복귀했다. 배치는 경제기획국 투자3과로 받았다. 지역개발, 도로, 철도 등 사회간접자본(SOC) 관련 업무를 맡은 부서였다. 그때 경제기획국장은 미국 스탠퍼드대학에서 경제학 박사 학위를 받은 김재익 씨였다. 김 국장은 임시행정수도 설계 작업에도 참여했다. 경제기획원이 경제개발 5개년 계획을 통해 주요 국가 프로젝트 수립과 집행에 적극적으로 관여하던 시절이었다.

나는 김 국장의 지시를 받아 행정수도 이전을 위한 비밀 작업반에 들어갔다. 20대 후반의 말단 사무관이던 나는 이른바 잡일 담당이었다. 당시 박 대통령의 지시는 "백지 계획을 세우라"는 거였다. 흰 종이 위에 도시계획의 세부 아웃라인(개요)을 그리는 작업이었다.

어느 날 내 손에도 임시행정수도의 도시계획을 그린 종이가 들어왔다. 산도 있고 강도 있고 전반적인 도시의 윤곽이 보였다. 지도를 놓고 맞춰 봤다. 충남 공주 부근 금강 유역이었다. '정확히는 몰라도 이 지역으로 가는 모양'이라고 짐작했다. 행정수도 이전을 위한 연차별 투자계획을 세우는 작업에도 참여했다. 전체적으로 돈이 얼마나 필요한지 계산이 나오면 연차별, 분기별로 금액을 쪼개는 일이었다.

1979년 10·26사태로 박 대통령이 세상을 떠나면서 임시행정수도는 없던 일이 됐다. 그 후 김 국장은 전두환 대통령의 경제수석비서관으로 청와대에 들어갔다. 오래전 《중앙일보》 기사 중에 이런 대목이 있다. "김 수석은 전 (임시행정수도) 기획단 관계자들을 불러 헬기를 타고 후보지로 꼽혔던 중부 지역을 여러 차례 둘러보았다는 것이다."(1991년 11월 1일 자 26면) 행정수도 후보지의 하나였던 계룡산 부근으로 3군 사령부를 옮겨 계룡대를 건설하는 일에 김 수석이 관여했다는 말도 들었다. 자세한 사정은 모르지만 유추해 보면 충분히 그럴 수 있겠다는 생각이 든다.

다시 노무현 정부 때의 일이다. 2004년 10월 헌법재판소가 신행정수도 특별법에 대해 위헌 결정을 내렸다. 이후 정부와 여당 안에선 의견이 갈렸다. 완전히 포기하느냐 일반 행정부처라도 옮기느냐, 둘 중 하나를 선택해야 했다.

나는 2005년 1월 기획예산처 장관 임명장을 받았다. 지역 균형 발전을 위해 중앙 행정부처를 대규모로 옮겨야 한다는 의견을 적극적으로 냈다. 서울은 미국 뉴욕처럼 경제 중심 도시로 놔두고 사실상 행정수도를 따로 만들자고 했다. 대통령실과 국회를 제외한 행정부처 이전은 헌재 결정에 어긋나는 게 아니었다. 그해 3월 국회에서 행정중심복합도시 특별법을 통과시켰다. 이번에도 헌법소원이 제기됐지만 헌재는 합헌 결정을 내렸다.

'한울' 제치고 노 대통령 선호한 '세종' 낙점

2006년 12월, 도시 이름을 결정할 시점이 다가왔다. 내가 청와대 정책실장으로 있을 때였다. 당시 행정중심복합도시 건설 사업은 총리실 소관이었다. 김영주 총리실 국무조정실장에게 진행 상황을 전달받았다. 국민 공모를 거쳐 도시 이름을 세 가지로 압축했다고 했다. 한울, 금강, 세종이었다. 두 차례에 걸쳐 국민 선호도 조사를 했는데 한울시가 두 번 다 1위를 했다. 금강시는 2위였고 세종시는 3위에 그쳤다. 다만 금강시와 세종시의 차이는 별로 크지 않았다.

그때 노 대통령과 나눈 대화는 이랬다. "그냥 세종시로 하면 좋겠는데."(노무현) "그러면 세종시로 추진해 보겠습니다."(변양균) "선호도가 세 번째인데 어떻게 하겠습니까."(노) "그래도 해 보겠습니다. 제 생각에도 세종시가 제일 좋아 보입니다."(변)

김영주 실장에게 대통령 뜻을 전했다. 김 실장도 난색을 보였다. 나는 좀 강하게 나갔다. "확정 발표한 것도 아닌데 왜 못 바꾸겠습니까. 공무원 생활 안 해 본 것도 아니고 잘 아시지 않습니까."

실제로 선호도 조사는 참고사항일 뿐이었다. 최종 결정은 한

명숙 총리가 위원장을 맡은 추진위원회 권한이었다. 2006년 12월 21일 행정중심복합도시 추진위는 세종시로 도시명을 확정해 발표했다. 노 대통령은 좋아하면서도 약간 뜻밖이라는 반응이었다.

이후 세종시가 정식으로 출범한 건 2012년 7월이었다. 이명박 정부에선 원안이냐, 대안(행정부처 이전 대신 기업 투자 유치)이냐를 놓고 뜨거운 논쟁이 일었다. 그 과정에서 사회적 비용도 많이 들었다. 아직도 일부에선 세종시에 대한 부정적 견해가 있다. 나로선 완전한 행정수도로 건설하지 못한 게 상당히 아쉽다. 수도 기능이 분산되면서 비효율이 두드러졌다. 공무원 후배들의 말을 들어보니 상위직과 중하위직의 의사소통에 어려움이 있다고 한다. 어떤 도시도 하루아침에 이뤄지지는 않는다. 앞으로도 계속 보완해 나갈 점이 많을 것으로 생각한다.

'피겨 여왕' 김연아 탄생 밑거름이 된 과천 빙상장

해마다 겨울이면 떠오르는 장면이 있다. '피겨 여왕' 김연아 선수가 올림픽 금메달을 따내던 모습이다. 2010년 2월 캐나다 밴쿠버에서 환상적인 연기로 역대 올림픽 최고점을 받았다. 벌써 13년 전 일이지만 그 순간의 감격은 잊히지 않는다.

그날 경기 중계를 보며 나도 모르게 눈물이 핑 돌았다. 한 사람의 얼굴이 떠올랐다. 예전에 경기도 과천시장을 지낸 김재영 씨다. 이 사람이 없었다면 김연아의 금메달이 가능했을까 하면 지나친 생각일까. 물론 금메달의 결정적 요인은 김연아의 남다른 재능과 노력일 것이다. 그렇지만 한 공무원의 숨은 노력도 적지 않은 역할을 했다고 말하고 싶다.

1991년 노태우 정부 때다. 나는 경제기획원 예산실에서 교육 문화체육예산 담당관을 맡고 있었다. 어느 날 김재영 과천시장이 나를 찾아왔다. 뜻밖의 방문이었다. 그 전엔 얼굴 한 번 본 적이 없었다. 김 시장은 과천 빙상장을 짓는 데 내 도움이 꼭 필요하다고 했다. 사연은 이랬다. 당시 과천시는 지상 4층, 지하 3층의 시민회관 건립을 추진 중이었다. 여기에 다양한 체육시설(수영장, 볼링장, 체육관 등)과 문화시설(대극장, 소극장 등)을 넣기로 했다. 국제 규격의 빙상장(아이스링크)을 짓는 구상도 있었다.

그런데 내무부(현 행정안전부)에서 빙상장 건립을 반대했다. 우리나라 경제 수준에선 시기상조라는 이유였다. 김 시장이 아무리 설득해도 전혀 먹히지 않았다고 했다. 그러니 경제기획원에서 적은 금액이라도 예산을 지원해 달라는 것이었다. 국비 지원을 명분으로 내무부를 설득해 보겠다고 했다. 그때만 해도 과천시장은 임명직이었다. 내무부 소속인 그가 예산을 쓰려면 내무부 허락을 받아야 했다.

과천 빙상장의 어린 선수들이 '어린 시절 꿈과 희망을 키워 준 곳'이라는 문구와 밴쿠버 동계 올림픽 당시 금메달을 받고 활짝 웃고 있는 김연아의 모습이 담긴 현수막 밑에서 훈련하고 있다. (자료출처: 과천시)

"사치가 아니라 미래를 위한 투자입니다"

요즘 표현으로 하면 김 시장은 빙상장 건립에 진심이었다. 처음엔 거절했지만 그는 포기하지 않고 계속 찾아왔다. 김 시장의 설명은 이랬다. "겨울 스포츠 인프라가 너무 열악합니다. 자라나는 어린이에게 기회를 제공하는 건 국가의 의무입니다. 국제 규격 빙상장은 사치가 아니라 미래를 위한 투자입니다."

당시 신규 사업은 예산실 내부 심의 회의를 통과해야 했다. 빙상장 안건을 그냥 올렸다간 눈 밝은 국장이나 과장이 지역 형평성을 들어 반대할 게 뻔했다. 나는 이렇게 설득했다. "빙상장과 함께 짓는 수영장은 과천청사 공무원도 과천 시민처럼 쓸 수 있게 한답니다." 이런 '당근' 덕분일까, 김 시장의 진정성 덕분일까. 간신히 빙상장 지원안이 통과됐다.

우여곡절 끝에 과천시민회관이 문을 연 건 1995년 10월이었다. 경기도 군포에 살며 초등학교 입학을 앞둔 김연아가 과천 빙상장에서 스케이트를 배우기 시작한 때는 1996년 여름이었다. 김연아의 어머니 박미희 씨가 쓴 책(《아이의 재능에 꿈의 날개를 달아라》)에 나오는 이야기다. 만일 과천 빙상장이 없었거나 건립이 늦어졌다면 피겨 여왕의 인생길도 달라졌을지 모른다.

현재 과천시민회관 빙상장에는 김연아의 대형 사진이 걸려 있다. 그 사진 밑에선 수많은 꿈나무가 스케이트를 배우고 있다. 처음 빙상장 건립을 계획한 1991년은 1인당 국민총소득(GNI)이 8000달러도 안 되던 시절이다. 그 뒤 27년 만에 한국은 아시아에서 두 번째로 겨울올림픽을 개최하는 나라가 됐다. 생각하면 할수록 미래를 내다보는 김재영 시장의 안목에 감탄이 나온다.

평창 지지 대가를 요구했던 북한

김연아를 생각하면 두고두고 아쉬운 점도 있다. 2014년 강원도 평창 겨울올림픽 유치에 실패했던 일이다. 나는 노무현 정부의 청와대 정책실장으로 올림픽 유치전에 앞장섰다. 하지만 석유 재벌을 앞세운 러시아의 전방위적 물량 공세에는 역부족이었다. 이때 평창이 올림픽 유치에 성공했다면 김연아가 2회 연속 금메달을 목에 걸었을지 모른다. 적어도 이해할 수 없는 판정으로 러시아 선수(아델리나 소트니코바)에게 뒤지는 일은 없었을 것이다.

나는 2006년 7월 정책실장 임명장을 받았다. 여러 가지 중요한 임무가 있었지만 올림픽 유치도 그 중 하나였다. 노 대통령도 힘을 실어 줬다. 핵심 멤버 여덟 명을 모아 비공식 회의체를 구성했다. 내부적으로 '8인 회의'라고 불렀다. 참석자는 나와 김만복 국가정보원장, 송민순 외교통상부 장관, 김명곤 문화관광부 장관, 김진선 강원지사, 한승수 평창올림픽 유치위원장, 김정길 대한체육회장, 오지철 청와대 정책특보였다.

청와대 서별관에서 정기적으로 8인 회의를 열고 상황을 점검했다. 나는 회의에서 제기된 애로사항을 관계 기관에 연락해 해결하는 역할을 주로 했다. 박용성 국제올림픽위원회(IOC) 위원의 사면복권을 노 대통령께 건의한 것도 그런 차원이었다. 삼성을 비롯한 민간 기업과 협력 체계를 만드는 일도 중요한 부분이었다.

2014년 겨울올림픽 유치를 신청한 도시는 세 곳이었다. 초기에는 오스트리아 잘츠부르크가 앞서 나갔다. 그런데 2007년 1월 잘츠부르크 유치위원장이 내분으로 사퇴하면서 최하위로 밀렸다. 결국 평창과 소치의 대결로 좁혀졌다.

이 무렵 IOC 위원인 이건희 삼성 회장과 8인 회의 참석자들이 서울 신라호텔에서 저녁 모임을 했다. 나는 이 회장에게 간곡히 부탁했다. "2003년 IOC 총회에서 세 표 차로 졌지만 평창이 선전했던 건 삼성의 적극적인 지원 덕분이었습니다. 이 회장께서 해외도 자주 나가시고 각국 IOC 위원들을 직접 만나주십시오." 노 대통령도 2006년 12월 청와대 행사에 참석한 이 회장에게 삼성의 협조와 지원을 각별히 당부했다.

북한과의 관계도 쉽지 않은 부분이었다. 북한의 공식 입장은 평창올림픽 지지였다. 문재덕 조선체육지도위원장이 자크 로게 IOC 위원장에게 지지 서한도 보냈다. 그러나 겉으로 드러난 게 전부가 아니었다. 북한은 대가를 요구했다. 한 대기업에 혹시 방법이 있겠냐고 물어봤다. 그쪽에서 영수증을 요구하기에 없던 일로 하자고 했다.

결전의 순간이 다가왔다. 2007년 7월 과테말라시티에서 열린 IOC 총회였다. 노 대통령은 현장에 가는 걸 망설였다. 2003년 체코 프라하에서 열린 IOC 총회에는 노 대통령이 안 갔다. 대신 고건 총리가 평창 유치단을 이끌었다.*

유치 실패 후 푸틴 전화 "정말 받기 싫은데…"

청와대 참모들은 노 대통령에게 과테말라 총회 참석을 건의

---

* 김운용 전 IOC 부위원장은 《중앙일보》에 이런 회고를 남겼다. 그는 2003년 청와대에 들어가 노 대통령에게 IOC 총회에 가지 말라고 권했다고 한다. "이번에는 준비 상황이 안 좋고 유치 가능성이 작다. 대통령이 와서도 실패하면 정치적으로 부담이 될 것"이란 이유였다. (《중앙일보》 2009년 1월 6일 자 29면)

했다. "러시아에선 블라디미르 푸틴 대통령이 갑니다. 우리도 대통령이 직접 가지 않으면 여론이 나빠질 수 있습니다." 여론 때문에 할 수 없이 가야 한다는 건 노 대통령을 설득하기에 좋은 이유가 아니었다.

노 대통령이 몇 번이나 물었다. "올림픽 유치가 실제로 도움이 됩니까." 나는 이렇게 답했다. "올림픽의 경제적 효과가 얼마라는 건 사실 과장된 얘기입니다. 그렇지만 올림픽 유치로 도움을 받는 부분도 매우 많습니다. 대통령이 현장에서 IOC 위원을 한 명이라도 더 만나는 게 중요합니다."

나는 산업적 측면에서 올림픽의 기대 효과도 설명했다. "여름 스포츠보다 겨울 스포츠는 첨단 장비가 훨씬 중요합니다. 현재 아시아에서 이걸 할 수 있는 나라는 일본밖에 없습니다. 언제까지 수입 장비에만 의존하겠습니까. 스포츠 장비 산업을 발전시키는 데 올림픽이 좋은 계기가 될 겁니다."

2007년 7월 1일 미국 시애틀을 경유해 과테말라에 도착했다. 노 대통령은 시간과 체력이 허락하는 범위에서 최대한 많은 IOC 관계자를 만났다. 밤늦게까지 쉴 틈이 없었다. 나는 러시아가 주최한 파티장에도 가 봤다. 푸틴 대통령이 여러 사람과 귓속말을 하며 돌아다니는 모습에 불안한 마음이 들었다. 현지 시간으로 4

일 오후 투표가 진행됐다. 1차 투표에선 평창이 1위(36표), 소치가 2위(34표)를 했다. 2차 결선 투표에선 평창(47표)이 소치(51표)에 네 표 차로 졌다.

며칠 뒤 미국 하와이를 거쳐 귀국하는 비행기 안에서 있었던 일이다. 푸틴 대통령이 전화를 걸어왔다. 나하고 같이 앉아 있던 노 대통령이 혼잣말을 했다. "아, 정말 받기 싫은데." 하지만 러시아 대통령의 전화를 차마 거절할 수는 없었다. 노 대통령이 마지못해 일어나 전화기 있는 쪽으로 가던 모습이 잊히지 않는다.

결국 평창은 삼수 끝에 겨울올림픽 유치에 성공했다. 2011년 남아공 더반에서 열린 IOC 총회에서다. 그 후 TV에서 평창올림픽 중계 장면을 봤다. 김연아는 현역 선수는 아니었지만 성화 최종 주자로 개막식 무대에 올랐다. 나는 김연아의 모습을 보며 감회가 깊었다. 국가가 생활체육 인프라를 마련해 어릴 때부터 지원하는 게 얼마나 중요한지 새삼 느낄 수 있었다.

4장

경제·재정 정책,
원칙대로만 합시다

· 박정희 정부에서 김영삼 정부까지 ·

1978년 8월, 남덕우 부총리 겸 경제기획원 장관은 부동산 시장 과열이 심각한 사회 문제가 되자 강력한 부동산 종합대책을 발표했다. 사진은 1969년 박정희 대통령(오른쪽)이 남덕우 신임 재무장관에게 임명장을 수여하는 모습. (자료출처: 국가기록원)

박정희의 제2 토지 개혁, 남덕우가 막았다

한국 경제사에서 대단히 중요한 장면이 있다. 이승만 정부가 1950년에 단행한 농지 개혁이다. 미국에서 진보적 판결로 유명한 연방대법관 윌리엄 더글러스가 그 무렵 한국을 방문했다. 이 대통령은 그에게 "농지 개혁이 성공함으로써 비로소 진정한 의미의 민주주의 토대를 마련했다"고 자랑했다고 한다. 이 대통령의 말은 상당 부분 사실이다. 이때의 농지 개혁은 1960년대 이후 고도 경제 성장의 기폭제가 됐다.

사실 1970년대 후반 박정희 정부에서 또 한 번의 토지 개혁을 시도한 적이 있다. 1962년 화폐 개혁 때처럼 전격적으로 단행하려고 했다. 40년 넘게 꼭꼭 묻혀 있던 이야기다. 나는 말단 사무관으로 비밀 작업반에 참여했다. 그러나 이때 토지 개혁 방안은 세상에 나오지 못했다.

이 글을 준비하며 여러 자료를 살펴봤지만 당시 토지 개혁 시도는 흔적조차 찾을 수 없었다. 사정을 아는 사람이 여럿 있을 텐데 전혀 기록을 남기지 않은 것 같다. 당시 20대 후반의 젊은 사무관이었던 나로선 세부 내용까지는 잘 모른다. 다만 이희일 청와대 경제1수석비서관의 주도로 토지 개혁을 진지하게 검토했다는 사실은 분명히 말할 수 있다.

아내가 밤새 주산 알 놓아 가며 계산

박정희 정부 후반인 1978년이다. 나는 군 복무를 마치고 경제기획원에 복귀해 김재익 경제기획국장 밑에서 일하고 있었다. 나를 포함한 경제기획원 공무원 몇 명이 청와대 지시로 이희일 수석팀에 차출됐다. 토지 개혁 준비 작업을 위해서였다.

나는 토지 개혁에 필요한 기초 자료를 정리하는 작업을 했다.

전국의 토지 면적을 모두 합산한 뒤 세대별로 나눠 보는 계산을 했던 기억이 난다. 한 세대당 평균 몇 평의 땅을 배분하는 게 공평한지 따져 보는 일이었다.

컴퓨터는 당연히 없고 전자계산기도 초보적인 수준이었던 때였다. 사무실에 작은 계산기가 있었지만 복잡한 계산에는 별로 도움이 안 됐다. 당시 직장에 다니던 여성은 대개 주산을 잘 다뤘다. 내 아내도 그랬다. 어느 날 집으로 자료를 가져가 아내에게 계산을 부탁했다. 아내는 밤을 새우다시피 주산 알을 놓아 가며 작업을 도왔다.

그 무렵 부동산 시장 과열이 심각한 사회 문제였다. 1977년에는 연간 수출액이 처음으로 100억 달러를 돌파했다. 수출 호조와 중동 건설 특수 등이 겹치면서 시중에 엄청난 돈이 풀렸다. 이 돈이 땅값과 집값을 빠른 속도로 밀어 올렸다. 정부로선 뭔가 근본적인 대책을 마련해야만 했다.

그때 이 수석이 구상한 토지 개혁은 대략 이런 방식이었다. '어느 날 갑자기 토지 개혁을 발표하고 언제까지 신고를 받는다. 이때 일정한 기준을 초과하는 땅은 국가가 강제로 수용한다.'

남덕우, 군함 타고 저도에 가 박 대통령 설득

그런데 남덕우 부총리 겸 경제기획원 장관이 급제동을 걸었다. 뒤늦게 얘기를 전해 듣고 "그러면 큰일 난다"며 펄쩍 뛰었다고 한다. 남 부총리는 토지 개혁을 없던 일로 하되 강력한 부동산 종합대책을 마련했다. 1978년 8월 8일에 발표한 '8·8 부동산 조치'다. 토지 거래 신고제와 허가제 도입, 양도소득세 강화, 법인 비업무용 토지에 대한 재산세 중과 등을 담았다. 일본식 부동산 대책을 자세히 연구해서 한국식으로 바꿨다. 정부가 부동산 시장 안정을 위해 여러 대책을 모아서 내놓은 건 이때가 처음일 것이다.

그는 자신의 회고록(《경제개발의 길목에서》)에서 당시 상황을 이렇게 적었다. "8월 휴가철이라 박 대통령은 경남 진해 저도의 별장에 머물고 있었다. 청와대 비서실에 시급한 사안이 있어 결재를 받아야 하니 연락을 취해 달라고 요청했다. 마침내 나는 해군 함정을 타고 저도로 갔다." 남 부총리는 8월 7일 서울로 돌아온 뒤 다음 날 아침에 바로 대책을 발표했다.

경제부총리가 대통령 휴가 기간에 멀리 남해안 섬까지 군함을 타고 갔다는 건 심상치 않은 일이다. 전쟁이나 북한의 도발 같은 급변 사태가 일어난 것도 아니었다. 한시라도 빨리 대통령 결재를 받지 않으면 안 될 정도로 급한 사정이 있었다고 볼 수밖에 없다. 그는 회고록에서 자세한 속사정을 밝히지는 않았다.

나는 남 부총리가 이 수석의 토지 개혁에 제동을 걸기 위해 그렇게 서둘렀던 게 아닌가 짐작한다. 남 부총리는 박 대통령에게 이렇게 보고했을지 모른다. '토지 개혁 같은 과격한 조치를 하지 않아도 부동산 투기를 막을 수 있는 방법이 여기 있습니다.' 남 부총리에 따르면 8·8 조치 내용을 보고받은 박 대통령은 "해결책이 있구먼"이라며 흔쾌히 결재했다고 한다.

나는 큼지막한 대통령 서명이 있는 8·8 조치 서류의 표지를 직접 봤던 기억이 난다. 그 뒤 토지 개혁 작업반은 흐지부지 사라져 버렸다.•

되돌아보면 남 부총리의 생각이 옳았는지, 이 수석의 생각이 옳았는지는 잘 모르겠다. 이듬해 10월 부마민주항쟁과 10·26이 일어나고 박 대통령은 세상을 떠났다. 박정희 정부에서 민심이 떠나게 된 원인으로 부가가치세 도입을 꼽는 사람이 많다. 나는 부동산 가격 폭등으로 빈부 격차가 심해진 것도 민심 이반의 중

• 　이 수석은 넉 달 뒤 농수산부 장관으로 자리를 옮겼다. 이때 박 대통령에게 직접 임명 통보를 받은 그는 "전혀 예상치 않았던 일이라 깜짝 놀랐다"는 회고를 남겼다.

요 원인이었다고 본다. 만일 이 수석의 구상대로 토지 개혁을 단행했다면 어떻게 됐을까. 어쩌면 역사가 상당히 달라지지 않았을까 하는 생각도 든다.

스승 같은 상사 김재익 국장

박정희 정부의 경제기획원에서 결코 잊을 수 없는 사람은 김재익 국장이다. 나는 김 국장 밑에서 5년 정도 사무관 생활을 했다. 직장 상사와 후배의 관계가 아니라 마치 스승과 제자 같은 관계였다.

나는 경제학과를 나왔지만 대학에선 제대로 배울 기회가 없었다. 대학 8학기 동안 정상적으로 등교한 건 딱 한 번(2학년 1학기)뿐이었다. 박정희 정부 때는 학생 시위가 심해지면 아예 등교를 못 하게 교문을 막아 버렸다. 행정고시를 준비하며 경제학 책을 보긴 했지만 독학이어서 체계적 지식이 부족했다.

그런 내가 진짜 경제학 공부를 한 건 김 국장 밑에 있을 때였다. 서류 결재를 받으러 국장 방에 가면 김 국장은 결재만 하는 게 아니라 토론을 시켰다. 그러다 자기가 갖고 있던 책을 꺼내 읽어 보라고 건넸다. 그 중엔 외서도 있었다. 2~3일 정도 시간을 주며 번

역해 보라고 주문하기도 했다. 나한테만 그런 게 아니었다. 그는 많은 후배를 진심으로 아끼고 경제학 공부도 집중적으로 시켰다.

그때 경제기획원은 정치를 제외한 경제·사회·문화 전반을 기획하는 역할을 맡았다. 군대로 치면 대통령이 사단장, 경제기획원은 참모장이라고 할 수 있었다. 경제개발 5개년 계획도 4차 (1977~1981년)부터는 경제사회발전 5개년 계획으로 이름을 바꿨다. 경제기획국장은 그 모든 걸 관할하는 막중한 자리였다.

김종인의 노동자 경영 참가제 반대한 김재익

1980년에 전두환 신군부가 국회를 해산하고 국가보위비상대책위원회(국보위)를 구성했을 무렵이다. 김 국장이 청와대 경제수석으로 가기 전이다. 어느 날 김 국장이 나를 부르더니 미국 코넬대학 교수가 쓴 책 두 권을 줬다. 노동자의 경영 참가 제도가 얼마나 문제가 많은지 비판하는 내용이었다. 2차 세계대전 후 유고슬라비아에서 공산 정권을 수립하고 장기 집권한 요시프 티토가 주장하던 게 경영 참가제였다.

김 국장의 얘기는 이랬다. '국보위 재무분과 위원으로 참여한 김종인 서강대 교수(경제학)가 신군부에 노동자의 경영 참가제를 강력히 주장하고 있다. 이러다가 실제로 경영 참가제가 도입될 가능성이 있다. 학자로서 김 교수의 소신은 존중하지만 정책으로 채택되는 건 막아야 한다. 그러니 경영 참가제 비판의 핵심 내용을 요약하고 정리해 달라.' 결국 전두환 정부에선 경영 참가제를 도입하지 않았다. 여기엔 김 국장의 강력한 반대도 중요하게 작용했을 것이다.

다시 박정희 정부 때의 일이다. 박 대통령은 매달 경제기획원에 직접 와서 월간 경제 동향을 보고받았다. 당시 경제기획원은 현재 광화문 대한민국역사박물관 건물에 있었다. 필요한 경우 나 같은 사무관이나 과장도 대통령 보고에 배석했다. 즉석에서 질의응답이나 토론도 이뤄졌다. 그만큼 실무자의 의견을 존중하는 분위기였다.

박 대통령의 대표적 업적으로 경부고속도로나 포항제철(포스코)을 말하는 사람들이 많다. 나는 생각이 다르다. 수출 주도형 경제와 의료보험(건강보험) 도입을 대표 업적으로 꼽고 싶다. 지도자가 뭔가를 만들고 뚫고 하는 건 오히려 쉽다. 더 어려운 건 제도를 잘 설계하고 방향을 올바르게 잡는 일이다. 과거엔 학자 중에도 수입 대체형 경제를 주장하는 목소리가 높았다. 강대국에 대한 피해의식이 워낙 강했던 시절이다. 그때 방향을 잘못 잡은 나라는 다 망했다.

1970년대 후반 의료보험 도입은 북한과의 체제 경쟁에서 나온 것이다. 당시 의료보험을 도입하는 건 결코 쉬운 일이 아니었다. 1인당 국민총소득(GNI)이 2000달러도 안 되던 시절이다. 현재 우리나라 건강보험은 보완할 점도 있지만 세계적으로 자랑할 수준이 됐다. 박 대통령의 공과에 대해선 여러 의견이 있을 수 있지만 이 두 가지는 반드시 높이 평가해야 한다.

청와대 비서관,
"국무위원들 전부
접시물에 빠져 죽어야 합니다"

금수저와 흙수저. 언제부턴가 우리 사회에선 수저 계급론이 널리 퍼져 있다. 우리 헌법은 계급 차별을 엄격히 금지한다. '사회적 특수계급의 제도는 인정되지 아니하며 어떠한 형태로도 이를 창설할 수 없다'는 조항(헌법 11조 2항)이다. 특정 부류의 사람들에게 특권을 주고 세습을 용인하는 건 헌법 위반이란 의미다.

그런데 우리 사회에서 사실상 특수계급을 창설하려는 시도가 없지 않았다. 1980년 전두환 정부 초기의 일이다. 장교나 하사관

(부사관)으로 전역한 직업군인에게 각종 특권을 부여하는 법안까지 만들었다. 전역 군인에게 적절한 보상은 해야겠지만 특수계급에 준하는 특권을 주는 건 차원이 다른 얘기다. 그때 자리를 그만둘 걸 각오하고 법안 처리를 막는 데 애썼던 사람들이 기억난다. 경제기획원의 이진설 경제기획국장과 이석채 기획4과장, 청와대의 김유후 법무비서관이다. 특히 이 국장은 권총을 찬 군인의 협박에도 굴복하지 않는 용기를 보여 줬다.

이진설 국장 "이거 서명하고 그만두지 뭐"

1980년 가을, 나는 경제기획원 경제기획국에서 사무관으로 일하고 있었다. 그 무렵 최규하 대통령이 물러나고 전두환 대통령이 취임했다. 전두환 신군부는 국회를 해산하고 국가보위입법회의(국보위)를 출범시켰다. 어느 날 원호처(현 국가보훈부)에서 법안 하나를 가져왔다. '전·퇴역군인 원호에 관한 법률'이었다. 당시 각 부처에서 법안을 만들어 국무회의에 올리려면 경제기획원 협의를 거쳐야 했다.

담당 사무관인 내가 법안을 들여다보니 황당했다. 직업군인이 전역하면 국가가 일체의 사회보장을 책임진다는 내용이었다.

집도 얻어 주고 의료비도 주고 자녀 교육비까지 지원하게 되어 있었다. 당사자는 물론 자녀의 취업까지 국가가 책임진다는 것이었다. 예산도 엄청나게 들었다. 이건 헌법이 금지하는 특수계급 창설이나 마찬가지 아닌가.

이유는 짐작이 됐다. 군사 정변으로 권력을 잡은 세력이 가장 두려워하는 게 또 다른 군사 정변이었다. 육군 소장이던 전두환 보안사령관이 대통령이 됐으니 다른 세력이 언제 또 등장하지 말란 법이 없었다. 그런 여지를 없애려고 직업군인에게 사회적 경제적으로 최고의 혜택을 주는 법안을 만든 것으로 보였다.

나는 앞장서서 반대 의견을 냈다. 사회적 특수계급을 금지한 헌법 조항을 근거로 들었다. 헌법 해설책을 뒤적거리며 스스로 연구했다. 내 나름의 헌법 해석이 맞는지 확인해야 했다. 당시 유명한 헌법학자이자 대학 교수였던 세 사람을 직접 집까지 찾아갔다.

결과는 아주 실망스러웠다. 그들은 아예 말을 안 하려고 했다. 얼마나 폭발력이 큰 사안인지 딱 보고 아는 눈치였다. 신군부의 서슬이 시퍼렇던 시절이다. 나는 답답해서 이렇게 말했다. "제 말이 틀리면 틀렸다고는 해 줄 수 있지 않습니까." 그래도 별 소득이 없었다.

그중엔 진보 성향의 '양심적 지식인'으로 알려진 학자도 있었

다. 다른 사람은 몰라도 이 사람은 소신껏 말해 주겠지 하고 기대
했다. 전혀 그렇지 않았다. 그는 집 앞까지 쫓아 나오며 당부했
다. "저를 만난 일도 아예 없는 거로 해 주세요." 허탈한 마음이었
다. '이럴 수가 있나. 나는 자리를 걸고 어렵게 찾아왔는데.'

사무실로 돌아와 법안 반대 의견서를 썼다. 이석채 과장과 이
진설 국장이 결재를 해 줬다. 지금 다시 생각해도 정말 고마운 일
이었다. 이 국장은 "이거 서명하고 그만두지 뭐"라고 말하기도 했
다. 당시 법안 의견서는 국장까지만 결재를 받으면 됐다. 그래도
워낙 중요한 사안이라 이 과장과 같이 강경식 차관보에게 갔다.
그는 고민스러운 표정으로 "놓고 가라"고 했다. 다음 날 최창락
차관이 불러 엄청나게 야단을 쳤다. "당신들 정신이 나간 거 아니
오. 애들 장난도 아니고."

현역 군인이 권총 차고 찾아와 협박

그러다가 밖으로 말이 퍼져 나갔던 모양이다. 원호처 국장 세
명이 나를 만나러 왔다. "제발 저희 목숨 좀 살려 주세요." 국장 세
명이 좁은 자리에 끼어 앉아 나에게 빌다시피 했다. 그 모습이 안
쓰러웠지만 나는 물러나지 않았다. 그들 눈에는 30대 초반 사무

관인 내가 '정말 철없는 녀석'으로 보였을 것이다.

나중엔 현역 군인이 권총을 차고 이 국장을 찾아왔다. 계급장에는 별이 세 개였다. "이 법안에 반대하면 신상에 좋지 않을 겁니다." 노골적인 협박이었다. 이 국장은 내색하지 않고 우리에게 이렇게 말했다. "이거 끝까지 반대. 밀고 나갑시다."

그 후 법안은 차관회의와 국무회의를 통과했다. 마지막 단계인 국보위에서도 법안을 통과시키면 법률로 확정되는 것이었다. 어느 날 청와대에서 찾는다는 연락을 받았다. 검사 출신의 김유후 비서관이었다. 나중에 이석채 전 정보통신부 장관에게서 들은 사연은 이랬다. 이 전 장관과 행정고시 동기(7회)인 원진식 전 총무처 차관이 당시 청와대 법무비서관실에 있었다. 이 전 장관은 국무회의 통과 후에도 포기하지 않고 원 전 차관에게 도움을 요청했다고 한다. 이런 과정을 거쳐 경제기획원에서 법안에 반대했다는 말이 김유후 비서관에게 들어갔다. 김 비서관이 보기에도 '이건 좀 이상한데'라는 생각이 들었던 모양이다.

나는 이석채 과장과 함께 청와대로 불려갔다. 김 비서관이 물었다. "왜 법안에 반대했습니까." 나는 이 법안이 헌법 위반인 이유를 대강 설명했다. 조금 듣더니 김 비서관이 한마디 했다. "우리나라 국무위원들 전부 다 접시물에 빠져 죽어야 합니다. 어떻게 이런 법을 아무 토론도 없이 통과시킬 수 있습니까." 그러면서 내가 만든 법안 반대 의견서를 보내 달라고 했다. 이후 김 비서관이 전 대통령에게 보고하고 법안에 제동을 걸었다. 국무회의까지 통과한 법안을 없던 일로 한 것이다.

이듬해 3월 국무회의에선 지원 대상자 등을 대폭 축소한 법안을 통과시켰다. 하사관 출신 중에서도 생활이 어려운 사람만 선별적으로 도와주는 내용이었다. 장교 출신은 아예 지원 대상에서 제외했다. 국회를 대신한 국보위에선 법안을 그대로 확정했다. 1981년 4월부터 시행한 '국가유공자 등 특별원호법' 개정안이다.

얼마 뒤 이 국장은 초대 공정거래실장(1급)으로 승진했다. 나는 내심 걱정했는데 이 국장의 승진 인사를 보고 마음이 놓였다. 당시 법안 반대 의견서에 결재한 두 사람은 나중에 각각 건설부 장관(이진설)과 정보통신부 장관(이석채)까지 올랐다. 나도 그때 일로 아무런 불이익을 받지 않았다. 최후의 순간에 법안 통과를 막아준 건 김 비서관이었다. 지금도 그가 말한 '접시물'이란 표현이 잊히지 않는다.

통행 금지 해제, 컬러TV 허용

1980년 전두환 신군부가 등장하면서 어젠다로 내세운 게 민주·정의·복지였다. 당 이름도 민주정의당으로 했다. 정치적 어젠다는 그럴듯하게 포장했는데 그 안에 알맹이가 없었다. 그 무렵 강경식 차관보였는지 누군가의 지시를 받아 한국개발연구원(KDI)에 갔다. 신군부에서 KDI 박사들을 시켜 민주·정의·복지의 세부 내용을 써 내게 했는데 그 분량이 500쪽이나 됐다. 우선 1차로 줄인다고 줄인 게 300쪽가량이었다. KDI에선 분량을 더 줄이지 못하겠으니 경제기획원 사무관이 와서 요약하고 정리해 달라는 것이었다. 그때 KDI 원장은 나중에 경제부총리를 지낸 김만제 씨였다.

나는 이틀 정도 만에 내용을 싹 잘라내서 요약본을 만들어 줬다. 정치적 측면과는 별개로 내용만 놓고 보면 정말 좋은 말이었다. 당시 KDI에서 용역비로 받은 돈이 사무관 월급의 두 배 정도였다. 그 돈은 같은 과 직원들과 나눠 가졌다.

1980년대 초반은 경제 사회 분야에서도 많은 변화가 있었다. 경제기획원이 제안했던 몇 가지 자유화 조치도 이뤄졌다. 그 중 하나가 통행 금지 해제다. 그 전에는 밤 0시부터 오전 4시까지 특별 허가증이 없으면 거리를 다니지 못했다. 통행 금지 위반으로 단속되면 파출소(경찰 지구대)에서 꼼짝없이 밤을 보내야 했다.

경제기획원에선 통행 금지를 풀어야 한다는 의견을 꾸준히 냈다. 대략 두 가지 이유를 들었다. 첫째는 경제 활성화에 방해가 된다는 거였다. 그때나 지금이나 글로벌 경제는 미국을 중심으로 돌아간다. 그런데 미국 사람이 한창 일하는 낮에 우리는 통행 금지에 묶여 있었다. 둘째로 북한에도 없는 통행 금지를 남한이 계속 유지한다는 게 말이 안 된다고 했다. 결국 1982년 1월 5일 통행 금지가 사라졌다.

컬러TV 허용도 큰 변화였다. 그 전에 박정희 대통령은 컬러TV라는 말도 못 꺼내게 했다. 한때 우리 사회에서 TV는 부의 상징이었다. 여기에 컬러TV까지 허용하면 계층 간 위화감이 커질 것이라고 봤다. 수출용으로는 컬러TV를 생산하면서 내수용으로는 금지하는 아이러니가 있었다.

경제기획원에서 컬러TV 허용에 가장 앞장선 사람은 강경식 차관보였다. 그는 경기 침체에 대응하는 소비 촉진 방안으로 컬러TV를 주장했다. 1980년 우리 경제는 사상 처음으로 마이너스 성장률을 기록할 정도로 상황이 좋지 않았다. 이한빈 경제부총리가 컬러TV 내수 판매를 허용해야 한다고 발언한 게 각 신문에 중요 기사로 실리기도 했다. 1980년 12월 시험 방송을 거쳐 이듬해 1월 우리나라에도 본격적인 컬러TV 방송 시대가 열렸다. 이후 한국 기업들은 글로벌 TV 시장에서 점유율 1위를 차지할 정도로 눈부신 성장을 했다.

뼈아픈 실책, 인구 억제 정책 유지

지나고 나서 보니 크게 잘못한 정책도 있다. 바로 인구 억제 정책이다. 나는 1979년에 처음으로 해외로 나가 봤다. 미국 하와이 동서문화센터(East-West Center)에서 인구 정책을 주제로 세미나를 했다. 인구 증가를 왜 억제해야 하는지, 가족계획은 왜 해야 하는지 등을 선진국의 시각에서 가르치는 행사였다. 부끄러운 얘기지만 그게 당연한 줄 알았다.

그때 하와이에 살던 동포들이 우리 팀에게 환영회를 해 줬다. 그 자리에서 "한국이 해외여행 자유화를 한다는 데 진짜냐, 언제쯤 되겠느냐"는 질문을 받았던 기억이 난다. 나중에 알고 보니 한국의 지인들이 하와이에 와서 동포들의 실체를 보게 될까 봐 걱정했던 거였다. 당시 하와이에서 기반을 잡은 재미동포라고 하면 한국에선 엄청나게 성공한 사람이란 인식이 있었다. 그러나 실상

1984년은 합계 출산율이 2명 이하로 내려갔던 해로, 그때 인구 정책의 방향을 출산 장려로 돌렸어야 했다. 하지만 2000년대에 들어서야 저출산 대책을 국가적 과제로 인식하기 시작했다. 사진은 2006년 4월 14일 기획예산처가 서울 반포동 청사 2층에 모성보호실을 개관하고 변양균 장관 등이 참석한 가운데 기념식을 하는 장면. (자료출처: 변양균)

은 식당 종업원이나 택시기사 같은 일을 하는 동포들이 적지 않았다.

'잘 키운 딸 하나, 열 아들 안 부럽다.' 1980년대에 정부가 내세운 가족계획 표어였다. 늦어도 1984년에는 인구 정책의 방향을 출산 억제에서 장려로 돌렸어야 했다. 1984년은 합계 출산율이 2명 이하로 내려갔던 해다. 그때는 미래에 다가올 재앙을 전혀 예상하지 못했다. 2000년대에 들어서야 저출산 대책을 국가적 과제로 인식하기 시작했다. 1984년부터 따지면 20년가량의 세월을 잃어버린 셈이다.

광주민주화운동이 있었던 1980년 5월에도 해외 출장을 갔던 적이 있다. 유엔개발계획(UNDP) 지원을 받아 한국개발연구원(KDI) 소속 연구원들과 팀을 꾸려 미국과 일본을 다녀왔다. 5차(1982~1986년) 경제사회발전 5개년 계획을 세우는 과정에서 선진 제도를 배우기 위해서였다.

그렇게 해외에 나가 있는 동안 광주민주화운동이 일어났다. 우리 팀은 국내에서 어떤 일이 벌어지고 있는지 까마득하게 몰랐다. 그해 5월 19일인가 20일인가 정확한 날짜는 모르지만 이런 일이 있었다. 일행 중 한 명이 오사카성이 볼만 하다고 해서 둘이 따로 구경하러 갔다. 공교롭게도 그날이 오사카성 휴관일이었다. 둘 다 일본어는 할 줄 모르고 입구에 있는 사람에게 영어로 얘기했다. "우리는 오늘밤에 시간이 없는데 도저히 안 되겠습니까." 그러자 책임자가 직접 나와 우리 일행을 안내해 줬다.

속으로 '이렇게 친절한 사람이 있나' 하고 감탄하는데 그 사람이 우리에게 물었다. "한국의 광주에서 큰일이 생긴 것 같은데 괜찮습니까." 우리는 어리둥절할 뿐이었다. "우리는 하와이에서 온 사람들이라 한국 사정은 잘 모릅니다." 이런 식으로 대충 둘러댔던 것 같다. 계엄사의 보도 통제로 국내 언론은 제대로 보도하지 못하는 상황에서 그 사람은 일본 언론에 난 기사를 본 모양이었다. 나중에 귀국해서 광주민주화운동에 대한 사정을 듣고 부끄러운 생각이 들었다.

전두환 정부는 강압적 통치를 했지만 한편으론 경제 논리에 충실한 경제 정책을 펼 수 있게 방패막이가 되어 준 측면도 있었다. 경제기획원에 있다가 청와대로 들어간 김재익 경제수석의 영향도 컸다. 그때 경제기획원은 청와대 근처에 있었는데 김 수석은 수시로 나를 불렀다. 부처 사무관과 경제수석이란 계급 차이를 의식하기보다는 서로 생각이 통하는 직장 선후배 같은 느낌이었다.

한번은 이런 일도 있었다. 경제수석실 소파에 앉아 둘이서 이런저런 이야기를 하고 있는데 전화벨이 울렸다. 전 대통령의 호출이었다. 김 수석이 "잠깐이면 되니까 기다리고 있으라"고 해서 나는 그냥 자리에 앉아 있었다. 잠시 후 전 대통령을 만나고 돌아온 김 수석이 나에게 물었다. "변 사무관, 쌔가리가 뭐야." 쌔가리는 표준어로 서캐, 즉 사람 머리 등에 기생하는 이의 알을 뜻한다. 전 대통령이 누군가를 가리키며 "쌔가리 같은 놈들"이라고 했던 모양이었다. 서울 사람인 김 수석으로선 뭔가 나쁜 말인 것 같은데 경상도 사투리를 몰라서 나에게 물어본 것이었다.

당시 나는 사무관이어서 전 대통령과 직접 얘기해 본 적은 없다. 내 위의 경제기획원 국장들은 전 대통령을 직접 만나 얘기하는 경우가 많았다. 그러면 전 대통령은 솔직하게 "나는 잘 모르니까 알아서 잘 하라"고 했다고 한다. 시대는 달라졌지만 정치적 외풍에 휘둘리지 않는 경제 정책의 가치는 변한 게 없다.

'박철언 예산' 반발한 최각규, "노태우는 대통령이 아니야"

'영혼이 없는 공무원.' 2008년 이명박 정부 출범 직전에 국정홍보처 간부가 대통령직 인수위원회 업무보고에서 했다는 말이다. 우리나라 공무원 처지를 자조적으로 표현한 말로 한동안 자주 오르내렸다. 공무원이 대통령의 국정 철학에 맞춰 일하는 건 정당하다. 하지만 부당한 지시까지 무조건 따라야 하는 건 아니다. 공무원 한 명의 올바른 소신이 국가 정책을 바꿀 수도 있다. 그러니 공무원도 스스로 영혼을 가질 필요가 있다.

1991년 노태우 정부 때다. '6공의 황태자'로 불리던 박철언 씨가 체육청소년부(나중에 문화체육부로 통합) 장관으로 있었다. 나는 경제기획원 예산실에서 교육문화체육 예산담당관(과장급)을 맡았다. 담당 부처에는 체육청소년부도 포함됐다.

그 무렵 박철언 장관의 위세는 엄청났다. 그는 노 대통령 부인 김옥숙 여사의 고종사촌 동생이었다. 전두환 대통령 시절에는 청와대 비서관, 국가안전기획부장(현 국가정보원장) 특별보좌관을 지내며 노 대통령의 당선을 도왔다. 그 후 소련과 중국 등 공산권과 수교하는 북방정책과 남북 비밀대화를 주도하며 사실상 정권의 2인자로 통했다.

국장, 실장 모두 "나는 모르겠다"

어느 날 체육청소년부가 요청한 예산안이 경제기획원으로 넘어왔다. 세부 내용을 검토하다가 이상한 사업을 발견했다. 전국 방방곡곡에 청소년회관과 훈련장을 짓는 계획이었다. 그 숫자가 3000여 개나 됐던 것으로 기억한다. 거의 모든 읍면동에 하나씩 짓는다는 것이었다. 각 시군구에 상위 조직을 만드는 구상도 있었다. 방과후학교처럼 공교육 체계와 연계하는 것도 아니었다.

학교 밖에서 별도의 청소년 조직을 구성해 집중 훈련을 시키려고 했다.

보면 볼수록 이해가 안 되는 사업이었다. 말로만 듣던 히틀러 시대 유겐트(나치 독일의 청소년 조직)가 떠올랐다. 아직 사고력이 성숙하지 않은 청소년들을 관리해 일찌감치 자기 편으로 만들려는 게 아닌가 의심스러웠다.*

돈도 돈이지만 이런 사업을 그냥 놔둘 순 없었다. 단지 금액을 깎는 정도가 아니라 아예 심의 대상에도 올릴 수 없다고 생각했다. 안 되는 이유를 자세히 정리해 A국장한테 가져갔다. 그는 "나는 모르겠으니 변 과장이 알아서 하라"고 했다. 예산실장에게도 가져갔다. 그도 "나는 모르겠다"고 했다. 두 사람의 반응이 이해는 됐다. 워낙 폭발력이 큰 사안이라 어쩔 수 없었을 것이다. 박 장관이 중점 추진하는 사업을 막는 건 감히 상상도 못 하는 분위기였다.

예산 편성 시기가 되면 예산실 일과는 '나인 투 일레븐'이 보통이었다. 오전 9시에 출근해 오후 11시에도 퇴근할까 말까 했다.

---

* 박철언 전 장관은 자신의 회고록에 "야당은 물론이고 여당에서도 민주계를 주축으로 내가 한국판 '히틀러 유겐트'를 만들려 했다고 맹비난했다"라고 적었다.

체육청소년부 담당 실장은 새벽에도 수시로 전화를 걸어왔다. "밤새 한숨도 못 잤습니다."(변양균) "이거 안 하면 저는 죽습니다." (체육청소년부 실장) 그는 낮에도 매일 같이 사무실로 찾아와 나를 들들 볶았다. 그렇게 집요한 사람은 처음이었다.

박철언 예산 막겠다는데 박철언과 상의하라니

이런 중요한 사안을 나 혼자 결정할 순 없었다. 비서실에 경제부총리 면담 시간을 잡아 달라고 요청했다. 비서실장이 "무슨 사안이냐"고 물어서 대략 내용을 전해 줬다. 며칠을 기다려도 연락이 없었다. 할 수 없이 부총리실로 바로 올라갔다. 최각규 부총리겸 경제기획원 장관이 마침 밖으로 나가려다 나와 마주쳤다. 내가 말했다. "꼭 보고드려야 할 게 있습니다." 최 부총리가 방으로 들어오라고 했다.

부드러운 성품의 최 부총리는 위계질서에 얽매이지 않는 분이었다. 부총리가 국장과 실장을 건너뛰고 직접 과장을 상대해 주는 것만 해도 대단한 일이었다. 그는 내 설명을 쭉 듣더니 이렇게 말했다. "자네 말이 맞아. 대통령하고 담판해야 할 사안이구면." 최 부총리는 청와대에 연락해 노 대통령 면담을 신청했다.

1991년 최각규 당시 부총리는 박철언 씨가 장관으로 있는 체육청소년부에서 요청한 예산안
을 두고 노태우 대통령과 면담한 후 불편한 심정을 드러냈다. 사진은 1991년 2월 19일, 노태
우 대통령이 최각규 경제부총리에게 임명장을 수여하는 모습. (자료출처: 국가기록원)

과장이 하는 말을 듣고 부총리가 대통령을 만난다는 것만으로도 존경심이 우러나왔다.

얼마 뒤 대통령 면담 시간이 잡히자 최 부총리가 나에게 지시했다. "자네 의견을 길게 말고 A4지 두 장으로 요약해 주게." 나는 저녁 늦게까지 초안을 작성해 장관실에 팩스로 보냈다. 최 부총리는 "잘 적었네. 글자 한두 개만 고치면 되겠어"라며 흡족해했다.

이렇게 준비를 마치고 최 부총리가 노 대통령을 만나러 청와대로 들어갔다. 나는 사무실에서 초조하게 전화를 기다렸다. 휴대전화도 무선호출기(삐삐)도 없던 시절이다. 오후 7시쯤인가 최 부총리가 전화를 걸어왔다. 첫마디부터 깜짝 놀랐다. "노태우는 대통령이 아니야." 그러면서 "자세한 얘기는 내일 사무실에서 하자"고 했다.

다음 날 최 부총리에게 설명을 들었다. 부총리의 보고를 받은 노 대통령은 결정을 미루며 박 장관과 상의하라고 했다고 한다. 최 부총리는 기분이 좋지 않았다. "일국의 부총리가 대통령에게 별도로 보고할 때는 결정을 해 줘야 하는 거 아닌가. 문제가 있으니까 보고를 하는 건데 당사자와 상의하라는 게 말이 되나."

고심 끝에 최 부총리가 그 나름의 묘안을 냈다. "완전히 안 된다고 할 수는 없겠어. 지방양여금으로 하면 어때." 중앙정부가 돈을 주면 각 지방자치단체가 알아서 하는 방식이었다. 그렇게 하면 이런 사업은 잘 진행되지 않는다. 속임수라고 하긴 뭐 하지만 예산을 잘 모르는 사람은 알아채기 어려운 내용이었다. 최 부총리는 박 장관에게 전화를 걸어 골프 약속을 잡았다. 그렇게 골프장에서 같이 운동하면서 지방양여금으로 바꾸는 것에 대해 양해를 구했던 것 같다.

그 후 뜻밖의 일이 벌어졌다. 그해 말 개각이 있었는데 최 부총리가 유임됐다. 마냥 좋아할 일이 아니었다. 사실 최 부총리는 고향인 강원도 강릉에서 국회의원 출마를 생각하고 있었다. 그는 1988년 총선에서 김종필 총재의 신민주공화당 소속으로 한 차례 당선했다. 그런데 부총리 유임으로 어쩔 수 없이 1992년 총선 출마를 포기해야 했다. 최 부총리에게 너무 미안했다. 나 때문에 박 장관의 미움을 받아 총선 공천을 못 받았다는 생각이 들어서다. 최 부총리는 김영삼 정부 때인 1995년 강원지사 선거에서 야당(자유민주연합) 후보로 나와 압도적 표차로 당선했다.

부끄러운 관행, 골프장 예약 업무

되돌아보면 부끄러운 기억도 있다. 나는 노태우 정부 후기에는 예산정책과장, 김영삼 정부 초기에는 예산총괄과장을 맡았다. 내가 속한 경제기획원 예산실은 부처 내부와 외부에서 온갖 민원이 집중되는 곳이었다.

가장 골치 아픈 민원은 골프장 예약이었다. 그 시절 골프장은 회원권이 있다고 다 되는 게 아니었다. 인허가권을 가진 기관에서 요청하는 게 최우선이었다. 나는 매주 7~10건의 골프장 예약을 확보하는 일을 했다. 국방부, 건설부, 국세청 등 각 부처에서 일주일에 한 건씩 이른바 '상납'을 받았다.

토요일 오전도 근무하던 시절이어서 민원을 하는 사람들은 일요일 예약을 가장 선호했다. 장소와 시간이 좋은 건 제일 힘센 사람이 가져갔다. 누구 하나 고맙다고 하는 사람도 없었다. "장소가 별로다" "시간이 왜 이러냐" 하는 불평만 잔뜩 들었다. 정말 귀찮은 일이었지만 안 하겠다고 하기도 어려웠다. 그러다 1993년 2월 김영삼 대통령이 취임하고 얼마 뒤 공직자 골프 금지령을 내렸다. 나로선 얼마나 기분이 좋았는지 모른다.

노태우 정부 초기인 1989년에는 이런 일도 있었다. 경제기획원 대외경제조정실에서 과장으로 근무하던 때였다. 재무부 국장과 둘이서 관세 관련 협상 때문에 스위스 출장을 갔다. 얼마 뒤 일을 마치고 귀국하는데 그 국장이 꼭 네덜란드 암스테르담 스키폴공항을 경유해야 한다고 했다. 이유를 묻자 그가 솔직하게 말했다. "노태우 대통령이 발렌타인 30년을 좋아하는데 이번 출장길에 열 병 정도 사 오라는 지시를 받았다"는 얘기였다. 그때만 해도 나는 발렌타인 30년이란 술이 있는지도 몰랐다.

스키폴공항 면세점에서 발렌타인 30년을 열 병이나 산다고 하니 지배인까지 나왔다. 그렇게 큰 공항에도 1년에 서른 병 정도밖에 들어오지 않는다고 했다. 결국 서너 병 구입하는 데 만족해야 했다.

당시 스키폴공항을 경유하려면 암스테르담에서 1박을 해야만 했다. 나는 빈센트 반 고흐 미술관을 찾아갔다. 미술관 매점에는 고흐 작품의 복사본을 팔고 있었다. 그중엔 해골이 담배를 물고 있는 그림도 있었다. 그 그림을 포함해 열 장 정도를 사 와서 정부과천청사 인근 표구점에 맡겼다. 며칠 뒤 그림을 찾으러 갔다가 경악을 금할 수 없었다. 표구점에서 반 고흐 미술관이란 표지를 다 잘라냈기 때문이다. 그 표지가 없으면 달력에서 잘라낸 것과 아무런 차이가 없었다. 표구점에서 몰라서 한 일이라 돈을 물어 달라고 할 수도 없었다. 사무실에 금연 포스터를 대신해 해골 그림을 걸어놨더니 노르웨이 화가 뭉크의 '절규'로 착각한 사람도 있었다.

전두환 정부 후반인 1986년에는 이런 일도 있었다. 나는 경제기획원 물가조정과장으로 미국과의 통상 문제를 협상하는 팀에 들어갔다. 그때 가장 민감한 협상 품목이 담배였다. 그전까지는 '양담배'라고 해서 외국산 담배를 피우는 것은 물론 소지한 것도 단속 대상이었다. 우리 담배 농가를 보호하기 위해서였다. 그런데 미국의 담배 시장 개방 압력이 갈수록 거셌다.

우리 협상팀이 애쓴 덕분에 담배 수입을 최소화하는 쪽으로 가고 있었다. 그런데 정치권에서 압력이 들어왔다. "조금 더 양보하라"고 했다. 너무 화가 났지만 실무자로선 따를 수밖에 없었다. 당시 전 대통령의 친인척이 미국 담배 회사의 로비를 받았다는 말도 돌았다. "나라도 피우지 말자." 이것밖에 할 수 있는 게 없었다. 덕분에 열여섯 고교 시절부터 피웠던 담배를 끊게 됐다.

그 무렵 나는 경제기획원에서 미국 유학 대상자로 결정됐다. 미국 동부의 명문인 예일대에서 경제학 석사 과정 입학 허가를 받았다. 담배를 많이 피우면 머리가 어질해지면서 건강에 좋지 않은 신호도 나타났다. 목에 이상이 생겨 병원에 다니기도 했다. 이런 일이 복합적으로 작용하면서 금연 결심을 더욱 다잡을 수 있었다.

미국에서 석사를 받고 돌아온 뒤 박사까지 공부할 생각은 없었다. 그런데 예산 당국자로 국회를 들락거리다 보니 마음이 달라졌다. 그때만 해도 국회는 툭하면 난장판이 됐다. 허구한 날 여당과 야당이 싸우느라 예산 심의가 제대로 이뤄지지 않았다. 예산실 공무원은 국회 근처 대기실에서 하염없이 기다려야 하는 경우가 많았다.

이러다간 허송세월하기 십상이란 생각이 들어 다시 책을 잡기로 했다. 서강대 박사 과정에 지원해 입학 허가를 받았다. 국회가 있는 여의도에서 가장 가까운 대학이란 게 선택의 이유였다. 공부를 시작하고 보니 '대학을 잘못 골랐다'는 느낌이 들었다. 과연 '서강고등학교'란 별명처럼 학사 관리가 매우 엄격했다. 겨우겨우 학점은 채웠는데 졸업 논문은 기한 내에 쓰지 못했다.

그렇게 잊고 있었는데 1999년인가 학교에서 연락이 왔다. 요한 바오로 2세 교황이 2000년을 '대희년'으로 선포하는데 이 기회에 논문을 빨리 쓰면 학위를 주겠다는 얘기였다. 한국예수회에서 운영하는 가톨릭 재단 학교라서 그런 모양이었다. 마침 그때 내가 생각하고 있던 게 톱다운 재정 개혁이라서 그걸 주제로 논문을 썼다.

공직 생활을 하면서 보람찬 일도 있지만 아쉽고 후회스러웠던 기억도 있다. 과거엔 관행이란 이름으로 정당화했지만 지금 생각하면 말이 안 되는 일도 많았다. 오늘도 책임감을 갖고 공직 생활을 하는 후배들에게 내 경험이 작은 참고가 되길 바란다.

YS의 금융실명제 연막작전, 두 번 들러리 선 예산실

민주화 이후 대통령에겐 공통된 고민이 있다. 국회의 협조를 얻지 못하면 아무리 대통령이라도 정책을 제대로 집행할 수 없다는 점이다. 노무현 대통령도 생각만큼 정부가 하려는 일이 빨리 진행되지 않는다고 불만을 드러낸 적이 있다. 당시 청와대 정책실장이던 나는 과거 10년간 정부가 입법 추진한 2500여 건을 조사해 봤다. 정부가 정책을 결정한 시점부터 실제 집행까지는 평균 35개월이 걸렸다.

그런데 아주 예외적 경우에는 대통령이 법률과 같은 효력의 명령을 내릴 수 있다. 헌법 76조에 규정한 대통령 긴급명령권이다. 1987년 헌법 개정 이후 딱 한 번 사례가 있었다. 1993년 8월 김영삼 대통령이 전격 단행한 금융실명제다. 청와대 경제수석도 모를 정도로 철통 보안 속에 이루어졌다. 보안 유지를 위해 연막작전도 펼쳤다. 나는 그 연막작전에 두 차례 동원되는 해프닝을 겪었다.

새벽 5시 박재윤 수석에게 해명 전화

내가 경제기획원 예산총괄과장으로 있던 1993년 8월 12일, 대통령 보고 일정이 잡혔다. 이경식 경제부총리 일정표에는 예산안 중간 보고로 적혀 있었다. 그때는 해마다 8월 중순에 예산안 편성을 마무리하고 대통령에게 보고했다. 말이 중간 보고지 사실상 완성본을 가져가는 절차였다. 여기서 대통령 지시 사항이 있으면 그 부분만 수정해 최종 보고를 했다.

하루 전 이석채 예산실장과 함께 박재윤 청와대 경제수석에게 사전 보고를 했다. 그중엔 외부에 공개할 수 없는 민감한 자료가 있었다. 지역별 예산 배분 내역이었다. 그때만 해도 지역 갈등

1 1993년 8월 김영삼 대통령이 청와대에서 금융실명제 실시와 관련한 담화문을 발표하고 있다. 금융실명제는 김영삼 대통령이 전격 단행하면서 청와대 경제수석도 모를 정도로 철통 보안 속에 이루어졌다. 보안 유지를 위해 연막작전도 펼쳤다. (자료출처: 국가기록원)
2 1994년 김영삼 대통령이 금융실명제 추진 실무자들과 오찬을 하고 있다. 금융실명제를 추진한 건 김 대통령이 처음이 아니었다. 경제기획원과 재무부에선 진작부터 금융실명제를 해야 한다는 논의가 있었다. (자료출처: 국가기록원)

이 지금보다 훨씬 심했다. 어느 지역에는 예산이 많이 가는데 어느 지역은 푸대접을 받는다는 말이 나오면 곤란했다.

서울대 경제학 교수 출신인 박 수석은 이런 자료를 처음 봤을 것이다. 이 실장과 박 수석 사이에 언쟁이 벌어졌다. "이런 걸 보고하면 대통령에게 부담을 주는 겁니다."(박재윤) "예전에도 보고했던 겁니다. 대통령도 알고 계셔야 하는 내용입니다."(이석채) "반드시 빼야 합니다. 이 자료를 넣으면 내일 예산 보고를 못 하게 하겠습니다."(박)

그날 저녁 이 실장이 나에게 지시했다. "보고서는 그대로 출력하게." 그러고는 퇴근해 버렸다. 나는 두 사람이 정면으로 부딪치면 무슨 사달이 생길까 걱정스러웠다. 밤늦게까지 고민하다 다음 날 오전 5시쯤 전화로 박 수석을 찾았다. 체육관에서 아침 운동을 하던 박 수석과 겨우 연결이 됐다. "그 자료는 보고서에 들어갑니다. 이미 제본까지 마쳤습니다." 나는 최대한 양해를 구하려고 했다.

부처 과장이 청와대 수석에게, 그것도 새벽에 전화한다는 건 보통 일이 아니었다. 박 수석은 고교(부산고) 선배였지만 아주 가까운 사이는 아니었다. 아마 공무원 출신이면 엄청 화를 냈을 텐데 박 수석은 교수 출신이라 그런지 나를 설득하려고 했다. 서로 평행선만 달리다가 전화를 끊었다.

아침에 사무실에 출근했더니 분위기가 심상치 않았다. 청와대에서 전갈이 왔다. "지금 부총리만 대통령 집무실에 들어갔습니다. 예산실장하고 경제수석은 못 들어가고 밖에서 대기 중입니다." 예산실 국장들이 모여 고개를 갸우뚱하고 있었다. 내가 새벽에 있었던 일을 얘기하자 다들 깜짝 놀랐다. '설마 내가 사고를 친 건가.' 속으로 조마조마했다.

몇 시간 뒤 의문이 풀렸다. 그날 저녁 김 대통령은 특별담화문을 내고 금융실명제 긴급명령을 발표했다. 예산 보고로 위장한 연막작전이었다.

저녁밥도 거르며 만든 보고서가 '위장용'이었다

나중에 알았지만 연막작전은 이날 한 번뿐이 아니었다. 같은 해 7월 말에도 비슷한 일이 있었다. 예산안 작업이 막바지로 치달으며 정신없는 나날을 보냈던 때다. 부총리실에서 긴급 지시가 내려왔다. 다음 날 아침 대통령에게 예산 현안을 보고하는 일정이 잡혔으니 보고서를 정리해 늦어도 오후 9시까지 부총리 집으로 가져오라고 했다.

시간이 너무 촉박했다. 당시 대통령 보고 자료는 일주일씩 밤을 새워 가며 만드는 게 일반적이었다. 그날 저녁도 걸러 가며 오후 8시쯤 겨우 보고서를 완성했다. 지금은 없어진 서울 강남역 동아극장 뒤 언덕에 이경식 부총리의 자택이 있었다. 내비게이션은 당연히 없던 시절이다. 자동차를 몰고 좁은 골목을 헤매다 보니 사이드미러가 깨지기도 했다.

처음엔 엉뚱한 집을 찾아갔다. 문을 두드렸더니 외국인이 나왔다. "여기 부총리 댁이 아니냐"고 했더니 그 외국인이 안에 있는 사람을 불렀다. 둘 다 남자였는데 '허니'라고 부르는 게 동성 커플이었던 모양이다. 그 사람은 내게 맞은편 건물을 가리켰다. 호실은 맞는데 부총리 비서실에서 동을 잘못 불러 준 것 같았다.

간신히 시간 안에 부총리 집을 찾아 보고서를 전달했다. 내가 잠시 설명하려고 하자 이 부총리가 말렸다. "내가 보면 다 알 수 있네. 모르는 게 있으면 전화하겠네." 다음 날 평소보다 일찍 출근해 혹시나 있을 전화를 기다렸다. 전화가 올 리 없었다. 예산 보고는 위장막일 뿐이었고 실상은 이 부총리의 금융실명제 보고였다. 두 번 다 나중에야 안 사실이다.

사실 금융실명제를 추진한 건 김 대통령이 처음이 아니었다. 경제기획원과 재무부에선 진작부터 금융실명제를 해야 한다는 논의가 있었다. 전두환 대통령 시절인 1982년 7월에는 금융실명제 추진 방안을 공식 발표하기도 했다. 강경식 재무장관과 김재익 청와대 경제수석이 전 대통령 결재를 받아 금융실명제 도입에 나섰다. 하지만 기득권 세력의 벽에 부딪혀 실패했다. 우여곡절 끝에 법안이 국회를 통과하기는 했지만 부칙으로 시행 시기를 무기한 연기하는 황당한 일이 벌어졌다.

노태우 대통령도 1987년 대선에서 금융실명제 실시를 공약으로 내걸었다. 하지만 노 대통령이 김영삼, 김종필 총재와 손잡은 3당 합당 이후 흐지부지됐다.*

김영삼 대통령이 긴급명령으로 금융실명제를 도입한 데는 그런 실패의 경험이 교훈이 됐을 것이다. 김 대통령은 헌법에 규정한 대통령 권한으로 일반적인 입법 절차를 대신했다. 이후 국회 본회의에서 찬성 268명, 반대 1명의 압도적 찬성으로 사후 승인을 받았다.

일부에선 금융실명제가 해외 선진국에는 없는 제도라고 주장한다. 이는 실상을 잘 몰라서 하는 말이다. 서구 선진국에선 금융실명제가 아니라도 다른 법으로 비정상 거래나 탈세를 엄격히 단속한다. 일본도 경제 관료들은 한국의 금융실명제를 부러워한다.

---

* 당시 문희갑 청와대 경제수석은 "3당 합당 과정에서 금융실명제 시행은 유보한다는 비밀 협상이 있었다"는 증언을 남겼다.

정경유착으로 특혜를 누리는 이들을 잡아내려면 금융실명제가 꼭 필요하다고 보기 때문이다.

이석채, YS에게 "안기부가 다 도청하고 있습니다"

금융실명제 위장 보고 해프닝이 끝난 뒤 진짜 예산 보고 일정을 잡았는데 이때도 해프닝이 있었다. 이석채 실장의 설명을 듣던 김 대통령이 물었다. "국가안전기획부(현 국가정보원) 예산은 어떻게 되나." 이 실장이 바로 답하지 못하다가 대통령이 재촉하니 용기를 내서 말했다. "안기부에서 다 도청하고 있습니다. 제가 뭐라고 보고하는지 안기부가 다 파악하고 있습니다."

김 대통령은 당장 안기부장을 전화로 연결하라고 했다. 그때 안기부장은 한국외대 정치외교학 교수 출신인 김덕 씨였다. "당신네 안기부, 청와대도 도청하나."(김영삼) "그럴 리가 있겠습니까."(김덕) 이게 끝이 아니었다. 김 대통령은 "앞으로 안기부와 국방부 예산도 경제기획원이 다 들여다보고 짜라"고 지시했다. 그 후 이 실장은 안기부를 찾아가 사과하기도 했다.

정보기관과 관련한 개인적 경험은 그 전에도 있었다. '서울의 봄'으로 불리던 1980년 4월 무렵이다. 나는 경제기획원 사무관으로 김재익 경제기획국장 밑에서 일하고 있었다. 아직 전두환 신군부가 본격적으로 권력을 장악하기 전이었다. 어느 날 김 국장이 도시산업선교회의 인명진 목사를 만나 보라고 제안했다. 김 국장은 "반정부 성향 단체도 최대한 체제 안에서 활동하게 해 보자"고 취지를 설명했다.

나는 노동운동을 하는 친구를 통해 인 목사의 연락처를 받았다. 사무실 전화로 통화해 약속을 잡고 찾아갔다. "우리 사회보장제도가 많이 부족한 건 사실입니다. 그래도 극빈층은 어떻게든 도와주지 않습니까."(변양균) "그게 진정으로 가난한 사람을 위한 겁니까. 거리에 굶어 죽은 사람이 많이 보이면 폭동이 날까 봐 그러는 거 아닙니까."(인명진) 전혀 대화가 통하지 않는 느낌이었다.

사무실로 돌아왔더니 난리가 나 있었다. 국장 비서에게 물으니 김 국장과 이석채 과장이 중앙정보부(현 국가정보원)에 불려갔다고 했다. 부총리와 차관도 각각 중앙정보부와 치안본부(현 경찰청)에 해명하러 갔다. 당시로선 경제기획원 사무관이 반정부 성향 단체와 접촉한 것 자체가 놀라운 사건이었다. 알고 보니 내가 도시산업선교회와 통화하는 걸 중앙정보부에서 다 엿듣고 있었던 것이다. 주요 반정부 성향 단체의 전화는 정보기관에서 도청하는 게 상식으로 통하던 오래전 얘기다.

1997년 4월 20일 오전 북한 노동당의 황장엽 전 국제담당 비서와 측근인 조선여광무역연합
총회사 김덕홍 전 총사장이 에어필리핀 전세기 편으로 서울공항에 도착해 관계자들과 인사하
고 있다. (자료출처: 연합뉴스)

시장경제 몰랐던 황장엽, 북한 지식인의 한계였다

1997년 한국 사회를 온통 떠들썩하게 했던 사건이 있었다. 그해 2월 12일 황장엽 북한 노동당 국제담당 비서가 망명한 일이다. 우리에겐 낯선 직책이지만 공산당 일당 체제에서 당 비서는 최고위 권력층에 속한다. 평양 김일성대학 총장을 지낸 황 전 비서는 북한의 통치 이념인 주체사상의 창시자로도 통했다. 중국 베이징에서 우리 대사관으로 탈출한 그는 필리핀을 거쳐 같은 해 4월 국내로 들어왔다.

당시 나는 경제기획원과 재무부를 통합한 재정경제원에서 국제협력관(국장급)을 맡고 있었다. 담당 업무에는 남북 경제교류도 포함됐다. 어느 날 국가안전기획부(현 국가정보원)에서 연락이 왔다. 황장엽 심문팀에 경제 부처도 참여해 달라고 했다. 나는 강만수 차관과 함께 황 전 비서를 만나러 갔다. 강 차관은 잠깐 있다가 돌아가고 내가 주로 대화를 나눴다.

대화 내용은 실망스러웠다. 명색이 북한의 최고 지식인이라고 하는데 시장경제를 몰라도 너무 몰랐다. 황 전 비서는 통일이 남북 모두에 경제적으로 이익이 될 것이라며 이런 논리를 폈다. "남한 제품은 품질이 좋지만 가격이 비쌉니다. 북한 제품은 품질이 나쁘지만 가격이 쌉니다. 남한이 만든 고급품은 고소득자에게 배분하고 북한이 만든 저급품은 저소득자에게 배분하면 되지 않겠습니까."

나는 시장경제 원리의 기초부터 설명해 줘야 하는지 난감했다. 그때 이미 국내에는 중국이나 동남아에서 저렴한 가격에 수입품이 들어오고 있었다. 북한산 저급품을 남한에 가져왔다고 가정해 보자. 그걸 사겠다는 소비자가 얼마나 있을까. 어쩌다 호기심으로 사는 건 몰라도 장기적으로 지속가능한 방법이 아니었다. 황 전 비서의 주장은 개방 경제의 개념을 전혀 이해하지 못하는 말이었다.

원래 이틀로 예정했던 황 전 비서와의 면담은 하루 만에 끝냈다. 안기부는 북한 경제에 대한 정보를 얻기를 원했다. 나는 안기부 담당자에게 말했다. "더 물어볼 것도 없습니다. 오히려 이쪽에서 가르쳐 줘야 할 형편입니다." 북한식 폐쇄 경제의 한계가 말할 수 없이 답답하게 느껴졌다.

막대한 청구서로 돌아온 동서독 통일

그 무렵 독일 아데나워재단 초청으로 옛 동독 지역을 방문할 기회가 생겼다. 대학 교수 몇 명과 함께 두 주 동안 돌아다니며 옛 동독 총리 등 주요 인사를 만났다. 독일 통일 이후 7년 만에 옛 동독 지역이 어떻게 변했는지 자세히 관찰했다.

흥미로웠던 점은 인프라 철거 비용이었다. 옛 동독 지역은 도로부터 엉망이었다. 성능 좋은 서독제 밴을 빌렸는데 도로 사정이 나빠 잘 달릴 수가 없었다. 안내자 설명을 들으니 기가 막혔다. 옛 동독이 깐 도로는 워낙 형편없어서 철거하고 새로 깔아야 했다. 그런데 기존 도로를 철거하는 비용이 새로 도로를 건설하는 비용과 맞먹는다고 했다.

공장도 마찬가지였다. 옛 동독이 세계 최고라고 자랑하던 화학공장이 있었다. 비용을 고려하지 않고 공장을 짓다 보니 국제시장에서 경쟁력이 없었다. 공장 주변 환경오염도 걱정스러운 수준이었다. 공장을 철거해야 하는데 새로 공장을 짓는 것의 세 배 정도 비용이 든다고 했다. 옛 공산권 중에선 비교적 잘사는 편에 속했다는 동독이 이 정도였다.

통일 이후 옛 동독 지역에 설립한 경제연구원도 방문했다. 우리의 한국개발연구원(KDI)과 비슷한 곳이었다. 파격적인 인센티브를 제공하며 유능한 학자들을 불러 모았다. 연구원장은 숲속의 아름다운 저택을 가리키며 원장 사택이라고 했다. 부인과 두 딸이 있는 그는 사택에서 혼자 살고 있었다. "저렇게 멋진 집이 있는데 가족들이 안 오려고 합니다. 옛 동독 지역에서 어떻게 살겠느냐는 거죠." 그는 독일 사람들이 사고방식의 동질성을 회복하려면 적어도 30년은 걸릴 것이라고 예상했다.

국제회의 북한 대표에 영한사전 선물

북한 관련 업무를 하며 북한 사람들을 만나기도 했다. 1997년 11월 17~18일 베이징에서 열렸던 두만강유역개발계획(TRADP) 정부 간 조정위원회다. 유엔개발계획(UNDP)의 주도로 남북한과 중국, 러시아, 몽골이 참여한 국제회의였다.

원래 우리 측 수석대표는 강만수 차관이고 나는 차석대표였다. 회의를 앞두고 갑자기 북한의 김정우 수석대표(대외경제위원회 부위원장)가 불참을 통보해 왔다. 그러자 강 차관도 참석하지 않았다. 할 수 없이 내가 수석대표 대행을 맡았다. 북한에선 림태덕 대외경제협력추진위원회 부위원장이 대표로 나왔다.

그 무렵 국내는 외환위기 일보 직전의 심각한 상황이었다. 김영삼 대통령은 같은 해 11월 19일 강경식 부총리 겸 재정경제원 장관을 전격 경질하고 임창열 부총리를 임명했다. 이날 오전까지 중국 인사들을 만나던 강만수 차관은 부총리 교체 소식을 듣자 오후에 바로 귀국했다.

회의에 앞서 북한 쪽에 줄 선물로 영한사전을 챙겼다. 호텔 회의장 앞에서 북한 대표를 만나 선물을 준비했다고 전했다. 처음엔 거절하기에 이렇게 말했다. "애들 공부하는 데 도움 되라고 영한사전을 가져왔습니다." 애들 공부라면 마음이 약해지는 게 남북한이 비슷한 모양이었다. 그쪽에서 방 번호를 알려 주기에 영한사전 50권, 한영사전 50권을 박스에 담아 가져다 놨다.

다음 날 아침 확인했더니 박스가 그대로 있었다. 회의 자리에서 북한 대표를 만났다. 조금 떨어진 곳에서 감시원 같은 사람이 두 명인가 이쪽을 보고 있었다. 북한 대표가 귓속말로 조용히 말했다. "약속이 다르잖아요." 내가 설명했다. "어떻게 한 권만 드립니까. 주변에도 나눠 주라고 50권을 가져왔습니다." 나중에 다시 확인했더니 박스가 없어졌다.

백두산 관광버스 치외법권, 중국에 요구

그때 중국에서 우리 쪽에 비밀 협상을 제안해 왔다. 남북한과 중국이 손잡고 백두산 관광 사업을 하자고 했다. 동해안에서 북한 원산항까지는 배로, 원산에서 백두산까지는 버스로 간다는 구상이었다. 1990년대 후반은 중국이 개혁 개방에 박차를 가하던 시기였다. 돈 되는 사업이라면 국가가 나서 어떻게든 성사시키려 하는 분위기였다.

협상 대표였던 나는 관광객 신변 보장을 조건으로 내걸었다. 원산에서 백두산으로 가는 버스 안을 외교 공관처럼 치외법권으로 해 달라고 했다. 국제법으로 북한의 주권이 미치지 않는 구역으로 해야 우리 관광객이 안심할 수 있다는 논리였다. 중국에선 난감하다는 반응이었다. "중국이 운영하는 버스입니다. 우리가 안전을 보장하는데 뭐가 더 필요합니까."

나는 물러서지 않았다. "자국민 안전을 어떻게 남의 나라에 맡기겠습니까." 사실 논리적으로 보면 중국의 주장이 틀린 건 아니었다. 하지만 우리 국민 정서를 고려하지 않을 수 없었다. 더구나 장차관도 아니고 국장급 대표로선 쉽게 양보하기 어려웠다. 결국 백두산 관광 협상은 결렬됐다.

자갈밭처럼 우당탕거리는 북한 공항 활주로

1997년에는 북한 땅을 직접 밟은 적도 있다. 한반도에너지개발기구(KEDO)의 일원으로 방북했다. KEDO는 미국의 빌 클린턴 대통령이 재임하던 1994년 북한과 미국의 제네바 합의로 탄생한 국제기구다. 북한이 핵 프로그램을 포기하는 대신 미국은 국제 컨소시엄으로 경수로 건설을 지원하는 게 북미 합의의 골자였다.

동해안에서 배를 타고 원산 근처 항구로 들어갔다. 북한이 극심한 식량난으로 '고난의 행군'을 겪던 시기다. 가는 곳마다 너무나 비참한 모습에 가슴이 아팠다. 산이 어찌나 황량했는지 나무가 두세 그루밖에 없었다. 지나가는 주민의 옷차림은 노숙자보다 못한 넝마 수준이었다. 경비를 서는 군인은 어찌나 말랐는지 금방이라도 쓰러질 것 같았다.

기차를 탔는데 의자에 빨간 쿠션이 있었다. 푹신한 줄 알고 털썩 앉았더니 엉덩이가 깨질 듯 아팠다. 가짜 쿠션이었다. 밤 기차였는데 밖을 가리려고 커튼을 쳤다. 커튼을 젖히니 전체가 우르르 떨어져 내렸다. 멀쩡한 게 하나도 없었다.

북한에서 나올 때는 원산공항에서 베이징으로 가는 고려항공 민항기를 탔다. 승무원이 좌석 선반에 짐을 올리면 안 된다고 주의를 줬다. 곧 이유를 알게 됐다. 비행기가 활주로를 달리는데 자갈밭처럼 우당탕 깨지는 소리가 났다.

독일과 북한을 둘러보며 흡수통일론에 대해 굉장히 부정적인 견해를 갖게 됐다. 무조건 합친다고 저절로 해결되는 게 아니라는 뜻이다. 북한의 공장과 생산시설은 대부분 국제 경쟁력이 없을 것이다. 통일 후 개방 경제 체제가 되면 가동할 수 없다고 봐야 한다. 북한의 철도 총연장은 남한보다 길다고 하는데 철거 비용이 더 들지도 모를 일이다. 북한 주민에 대한 교육과 사회보장에도 막대한 돈이 들어갈 것이다. 결국 엄청나게 많은 준비가 되지 않으면 함부로 통일을 말할 수 없다고 생각한다.

YS 무능, 여당 무기력,
야당 비협조가 외환위기 불렀다

"금고를 열어 보니 빚문서만 산더미처럼 쌓여 있었다." 외환위기가 한창이던 1998년 1월 김대중 대통령 당선인이 했던 말이다. 국민과의 대화에서 외환 보유액이 바닥난 상황을 '텅 빈 금고'에 비유했다. 김 당선인은 이렇게 국제통화기금(IMF)에 구제금융을 신청할 수밖에 없던 사정을 설명하며 고통 분담을 요청했다.

과연 외환위기는 도저히 막을 수 없었던 것일까. 나는 이 질문의 답을 찾고 싶었다. 2006년 8~9월 노무현 정부에서 청와대 정

1997년 12월 3일 서울 광화문 정부청사에서 국제통화기금(IMF)과 한국 정부가 협상 결과를 공동 발표하고 있다. 왼쪽부터 이경식 한국은행 총재, 임창열 경제부총리, 미셸 캉드쉬 IMF 총재. (자료출처: 중앙포토)

책실장으로 있을 때다. 노 대통령은 외환위기 10년을 앞두고 당시 상황을 면밀하게 점검해 보라고 지시했다. 누군가를 비난하며 책임을 돌리기보다 미래를 위한 시사점을 얻자는 취지였다. 나는 강경식 전 부총리 등 여러 관계자를 직접 접촉하고 관련 자료를 분석했다.

그때 정책실에서 노 대통령에게 보고했던 결론은 이랬다. "만일 김영삼 대통령과 정치권이 제대로 뜻을 모았다면 외환위기를 막을 기회가 있었다. 적어도 국민적 고통을 최소화할 기회는 여러 번 있었는데 안타깝게 놓쳐 버렸다. 결과적으로 대통령의 무능, 여당의 무기력, 야당의 무관심과 비협조 등이 상황을 악화시켰다."

부총리 된 강경식 "IMF 지원 요청은 어떻게 하나"

1997년 김영삼 정부의 임기 마지막 해는 출발부터 불안했다. 1월 23일에는 한보철강이 5조 원대 빚을 갚지 못하고 부도를 냈다. 대기업 연쇄 부도의 서막이었다. 그보다 일주일 전에 나는 재정경제원(현 기획재정부) 국제협력관으로 발령을 받았다. 남북 경제 교류와 미국 등 선진국과의 경제 협력이 주 업무였다.

그해 3월 김 대통령은 강경식 부총리 겸 재경부 장관에게 경제 사령탑을 맡겼다. 원래 강 부총리는 그 자리를 맡지 않으려고 했다. 위기 조짐도 알고 있었고 정권 임기 말이란 점도 부담스러워했다. 그는 1983년 전두환 정부에서 재무부 장관을 지냈다. 14년 만에 국무위원으로 돌아오는 것이라 자연스러운 인사는 아니었다. 그런데 신현확 전 총리가 강력히 입각을 설득했다고 한다. "나라가 어려울 때 책임을 피해서야 되겠느냐"는 말이었다. 강 부총리는 신 전 총리의 조카사위다.

그 무렵 북한의 동향도 심상치 않았다. '고난의 행군'으로 불리는 극심한 식량난 속에 북한 붕괴론이 널리 퍼졌다. 어느 날 나는 비밀 지시를 받았다. 북한의 붕괴 가능성에 대비해 30일 비상 계획을 마련하라고 했다. 만일 북한이 무너진다면 최초 30일 동안 우리가 무엇을 해야 하는지 미리 대책을 세워 두라는 뜻이었다.

나는 세부 내용을 정리해 강 부총리에게 보고했다. 그중에 외환위기에 관한 부분이 있었다. 요약하면 이런 얘기였다. '북한이 갑자기 붕괴하면 국내에 들어온 외국인 자금이 한꺼번에 빠져 나갈 가능성이 있다. 그러면 우리나라에 외환위기가 닥칠지도 모른다. 혹시라도 이런 일이 생기면 IMF에 신속한 자금 지원을 요청해야 한다.'

사실 IMF 구제금융에 대해 깊이 있게 연구했던 건 아니었다. 나는 외환이나 국제금융 담당이 아니었다. '북한이 그렇게 쉽게 무너질까. 형식적으로 북한의 긴급 사태에 대비하고 있자는 취지가 아닐까.' 이게 솔직한 내 마음이었다.

강 부총리는 예상 밖으로 진지하게 보고를 받았다. 그는 묻고 또 물었다. "IMF에 자금 지원을 요청하려면 어떤 절차를 따라야 하겠나. 금액은 얼마나 받을 수 있겠나." 나는 대답하는 데 진땀을 흘렸다.

나중에 외환위기가 닥치고 나서야 이유를 알게 됐다. 그때 강 부총리는 북한보다 우리나라의 긴급 사태를 더 걱정하고 있었다. 결과적으로 북한 붕괴 관련 대책을 외환위기 대책으로 사용한 셈이다.

희생양 필요했던 외환위기 조사

공무원도 운에 따라 성공과 좌절이 엇갈리는 경우가 많다. 나는 운이 좋은 편이었다. 외환위기가 발생한 뒤 나도 감사원 감사를 받았다. 감사원은 경제 부처에서 위기 관련 보고를 제대로 했느냐를 따졌다. 국제협력관 업무에는 해외 대사관에서 보내온 경제 관련 전문을 챙기는 것도 있었다. 당시 외무부(현 외교부)와의 힘 겨루기 끝에 재경원으로 가져온 업무였다. 해외 대사관에서 위기 경고를 보낸 게 하나라도 있었는지, 내가 그걸 챙겼는지가 감사 의 초점이었다.

그때 해외 대사관에선 하루에도 30~50건의 전문을 보내왔다. 감사 대상이 된 전문을 모두 합치면 수천 건이었다. 일일이 내용 을 검토하는 건 물리적으로 불가능했다. 그래도 형식적으로는 결 재란에 내가 서명해야 했다. 그 후 담당 과에서 검토한 뒤 중요한 건 다시 나에게 보고하는 방식이었다.

그러니 내가 내용도 알지 못하고 결재한 전문이 대부분이었 다. 어쨌든 위기를 경고한 전문이 발견되면 나는 보고 누락 책임 을 뒤집어쓸 판이었다. 하지만 그런 전문은 한 건도 나오지 않았 다. 나로선 천만다행이었다.

외환위기 발생 이후 누군가는 희생양이 돼야 했다. 강경식 부 총리와 김인호 청와대 경제수석이 화살을 맞았다. 두 사람은 김 영삼 대통령에게 제대로 보고하지 않았다는 '죄'를 뒤집어썼다. 나중에 법원 판결에서 보고 누락은 사실이 아닌 것으로 밝혀졌 다. 어쨌든 두 사람은 검찰의 별건 수사로 구속돼 재판에 넘겨졌 다. 결국 법원에서 무죄 판결을 받았다.

원래 강 부총리는 대권에도 뜻이 있었다. 외환위기 이전에는 부산에서 국회의원에 두 번 당선했다. 지금은 없어진 PC 통신과 인터넷을 활용해 '네트워크21'이란 사이버 정당을 만들기도 했다. 온라인으로 네티즌의 정책 제안을 받는 등 당시로선 창의적인 아이디어로 주목받았다. 하지만 외환위기 재판으로 홍역을 치르고 나니 정치적으로 재기하기가 어려웠다.

기획원과 재무부 통합이 위기 대처 능력 떨어뜨려

1997년 가을 정기국회에서 금융 개혁 법안 처리가 무산된 것도 사태를 악화시킨 요인이었다. 노무현 정부 때 집중적으로 검토했던 외환위기 당시 상황 중에는 이 부분도 있었다. 야당인 새정치국민회의는 대선을 앞두고 표를 의식해 법안 처리에 반대했다. 여당인 신한국당도 법안 처리에 소극적이었다. 김영삼 대통령이 신한국당을 탈당하면서 정부와 여당의 협조 채널도 끊어져 버렸다.

그 무렵 강경식 부총리와 강만수 재경원 차관은 몸이 두 개라도 모자랄 지경이었다. 해마다 11월이면 예산 관련 부처 장차관은 국회에서 매우 바쁜 일정을 소화해야 한다. 새해 예산안과 세법 개정안 심의가 몰리기 때문이다. 무엇보다 시급했던 건 IMF와의 협의 등 외환위기 대책 마련이었다. 게다가 금융 개혁 법안 처리를 위해 의원들을 설득하는 노력도 해야 했다.

이런 와중에 강 차관에게 중국 출장 일정이 잡혔다. 한중 경제 차관 회의와 두만강유역개발계획(TRADP) 정부 간 조정위원회였다. 국제협력관인 내가 강 차관과 동행하는 계획이었다. 국회 일정 등에 쫓겼던 강 차관은 중국 출장에 집중할 여유가 없었다. 급기야 강경식 부총리까지 경질되면서 강 차관은 1박 2일 만에 한국으로 돌아왔다.

당시 강 차관의 정신없이 바쁜 모습은 나에게도 깊은 인상을 남겼다. 나는 김영삼 정부에서 경제기획원과 재무부를 합친 게 결과적으로 위기 대처 능력을 떨어뜨린 게 아닌가 생각한다. 예전처럼 두 개 부처에 각각 장차관을 뒀다면 위기 상황에서 일을 분담하기가 훨씬 나았을 것이다.

노무현 "기획예산처는 (없애지 말고) 그냥 놔두세요"

이듬해 2월 김대중 정부가 출범하면서 재경원을 기획예산처와 재정경제부로 분리했다. 미국의 백악관 예산관리국(OMB)을 염

두에 둔 조치였다. 미국은 백악관 안에 예산도 배분하고 정부 조직도 개혁하는 기구를 두고 있다. 우리는 정부조직법에 따라 대통령실에는 그런 기구를 둘 수가 없다. 그래서 형식적으로는 총리실 산하에 기획예산처를 두되 실질적으로는 대통령 직속으로 운영했던 것이다. 노무현 대통령도 2004년 정부 조직을 일부 개편했다. 원안에는 기획예산처와 재경부를 다시 합치는 방안이 있었다. 김병준 정부혁신지방분권위원장이 개편안 작성을 주도했다.

당시 기획예산처 차관이던 나는 노 대통령에게 다시 합치지 않는 게 좋겠다는 의견을 냈다. '국회를 전담하는 예산 장관'이 필요하다는 이유를 댔다. "두 부처를 합치면 겉으로는 비용이 절감될지 모릅니다. 하지만 보이지 않는 비용이 엄청나게 많이 들어갈 수 있습니다. 우리나라 정치 수준을 잘 아시지 않습니까." 그러면서 외환위기 때 있었던 일을 자세히 전했다.

노 대통령이 결단을 내렸다. "기획예산처는 내가 직접 시킬 일이 있으니 그냥 놔두세요." 노 대통령은 이런 말로 두 부처의 통합을 없던 일로 했다. 이후 이명박 정부가 출범하며 두 부처를 기획재정부란 이름으로 다시 합쳤다. 대신 기재부 차관을 두 명 두는 것으로 했다. 이렇게라도 하면 장관이 급한 일에 쫓길 때 두 명의 차관이 어느 정도 보완할 수 있다.

어느 정부든 경기 부양의 유혹을 이겨 내기는 쉽지 않다. 노태우 정부는 '3저 호황' 속에서 경제 거품을 즐기다가 김영삼 정부 초기에 경기 침체를 불러왔다. 김영삼 정부는 '신경제 100일 계획' 등 무리한 경기 부양책을 계속 쓰다가 초유의 외환위기를 겪었다. 김대중 정부도 예외가 아니었다. 외환위기를 극복하는 과정에서 신용카드 규제를 대폭 풀었다가 막대한 신용 불량자와 카드 부실 사태를 노무현 정부에 떠넘겼다.

그런 와중에 경기 부양의 거품조차 붙들지 못한 서민은 극심한 피해를 봤다. 정치적 목적의 경기 부양은 일시적으로 지지를 받을 수는 있다. 하지만 장기적으로는 경제를 어렵게 하고 국민을 고통스럽게 한다.

한편으로 김대중 정부는 정보화 시대를 열었다는 점에선 높이 평가해야 한다. 산업화에서 정보화로 가는 시대의 변화를 정확하게 읽은 사람이 김 대통령이라고 생각한다. 지금은 많이 잊어 버렸지만 수조 원을 들여 전국 방방곡곡에 광케이블을 간 게 그때였다. 우리나라가 정보기술(IT) 강국이 될 수 있었던 건 그런 기반시설이 바탕이 됐기 때문이다.

나로선 시간이 지나고 나서 후회한 일도 있다. 시대의 변화를 제대로 알아채지 못했던 탓이다. 당시 예산실 사회예산심의관(국장관)이었던 나는 청와대 지시 가운데 몇 가지에 대해 회의적 생각을 품고 있었다. 그 중 하나가 건강보험 전 국민 확대였다. 김대중 정부는 직장과 지역 의료보험으로 나뉘어 있던 것을 국민건강보험으로 통합했다. 그때 그런 식으로 통합을 추진하지 않았으면 나중에는 더욱 어려웠을 것이다.

중학교 의무교육과 관련해선 이기호 청와대 경제수석에게 반대 의견을 내기도 했다. 당시 내가 반대한 논리는 이랬다. 우리 헌법은 "의무교육은 무상으로 한다"(헌법 31조 3항)고 규정하고 있다. 그러니 중학교 의무교육은 곧 무상교육을 뜻한다. 그런데 웬만큼 괜찮다는 직장에선 직원 자녀의 중학교 학비를 내주고 있었다. 국가가 무상교육을 확대하면 실질적으로는 기업의 인건비 부담을 덜어주는 셈이었다. 국가가 좋은 뜻에서 의무교육을 확대하는데 정작 혜택을 받는 건 기업이나 고소득 자영업자라는 게 내 주장이었다.

지금 와선 꼭 그렇게 볼 것만은 아니었다는 점에서 반성하고 있다. 주택, 교육, 의료 등은 국민의 기본수요에 해당한다. 국민의 기본수요는 가난한 사람이건 부유한 사람이건 국가가 책임져야 할 부분이다. 단순히 예산 절감 차원에서 접근할 문제가 아니었다.

5장

영원히 잊을 수 없는
'인간 노무현'

1 1971년 고려대 경제학과 3학년이던 필자(가운데)가 하숙집 친구들과 함께. (자료출처: 변양균) 2 고려대 경제학과 시절 교정에서 하숙집 친구들과 함께한 모습. 왼쪽이 필자. (자료출처: 변양균)

호남선 열차의 남루한 승객,
영남 학생 인생 바꿨다

학창 시절 잊을 수 없는 충격을 받았던 적이 있다. 1969년 여름 스무 살 때 방학을 맞아 호남선 열차를 처음 탔던 순간이다. 곳곳에 유리창이 깨진 상태로 방치되어 있는 등 믿을 수 없을 정도로 열차 상태가 좋지 않았다. 그 전에 경부선을 탔을 때는 전혀 볼 수 없던 모습이었다. 열차 등급이 낮은 것도 아니었다. 아직 새마을호가 나오기 전이었지만 당시로선 최고 등급 열차였다.

승객들의 차림도 남루했다. 변변한 가방도 없이 보따리를 이고 진 사람들이 열차에 올라탔다. 대개는 시골 장터에 가는 보따리장수 같은 행색이었다. 경부선에서 자주 봤던 번듯한 차림의 여행객은 찾아보기 어려웠다.

고석규 전 목포대 총장은 한국학호남진흥원이 펴낸 《호남학 산책》에 이런 글을 남겼다. "호남 차별, 그 중에서도 호남선은 첫 손에 꼽힌다. 단지 철도 건설의 지지부진에 그치는 게 아니라 그 위를 달리는 열차의 편수나 질에서도 인구 비례를 훨씬 넘는 차별을 보인다." 이게 과장이 아니라는 걸 나는 학창 시절 호남선 열차를 타 보고 절실히 느꼈다.

나는 한창 감수성이 예민한 대학교 1학년이었다. 호남선 여행의 강렬한 체험은 나에게 세상 보는 눈을 뜨게 해 줬다. '지금까지 내가 알았던 세상은 반쪽짜리였구나.' '경상도 사람'인 나는 그 전까지 호남을 전혀 몰랐다. 우연한 기회에 친구가 호남선을 타 보자고 했던 게 인생의 전기가 됐다. 우리는 전남 광주(현 광주광역시)를 거쳐 여수로 갔다가 배를 타고 부산으로 향했다.

나는 국가 발전에서 소외된 호남의 풍경을 마주하고 가슴이 뜨거워졌다. '이건 푸대접 정도가 아니다. 영남과 호남은 완전히 딴세상이구나.' 야당(신민당)에선 호남 푸대접론을 내세워 박정희 대통령과 여당(민주공화당)을 비판하던 시절이다. 그때부터 나는 나라가 바로 되려면 이대로는 안 된다는 생각을 품게 됐다. 내가 노무현 대통령을 만나 그의 경제 참모가 된 것은 어쩌면 이때 경험이 예정한 운명이었을지 모른다.

고3 때 미대 입시 포기, 경제학도로 진로 변경

나는 1949년 9월 25일(음력) 경남 통영에서 태어났다. 예전에는 충무라고 불렀던 곳이다. 조선 후기 삼도수군통제영이 있던 통영은 주변의 섬과 바다로 아름다운 풍광을 자랑하는 고장이다. 지금은 퇴보했지만 한때 조선과 해운의 본거지이기도 했다.

아버지는 지금으로 치면 하위 계급의 해양경찰이었다. 어머니는 전업주부였다. 집안은 부자라고 할 수는 없지만 끼니 걱정을 할 정도는 아니었다. 아버지는 자주 근무지를 옮겨 다녔다. 자연히 아버지를 따라 이사와 전학을 여러 번 다녔다. 국민학교(현 초등학교) 때는 통영과 부산, 경남 마산을 왔다 갔다 했다. 그러다가 국민학교 6학년부터는 부산에서 학교를 다녔다. 부산에선 주로 영도에 살았다.

중학교에 다닐 때부터 나는 그림을 좋아했다. 부산고 2학년까지는 나름대로 미술대학 입시를 준비했다. 그 후 3학년에 올라가면서 진로를 바꿨다. 미대 진학에 대해 부모님 반대가 워낙 심했다. 예술가는 춥고 배고프다는 인식이 팽배하던 시절이었다. 스스로 생각해 봐도 그림으로 성공할 것이란 확신이 없었다. 대신 공부는 조금만 열심히 하면 뭐라도 될 수 있겠다는 생각이 들었다. 그 무렵 아버지는 해양경찰을 그만두고 친구들과 봉제업을 했다.

진로를 고민하던 나에게 가까운 친구의 형이 경제학을 권했다. 사실 경제학이 뭔지도 잘 몰랐다. 막연하게 밥 먹고 사는 문제가 경제라고 생각했다. 나중에 알고 보니 자기 밥벌이하는 것과 경제학은 별 상관이 없었다. 첫해는 입시에 실패했고 이듬해 재수로 고려대 경제학과에 합격했다.

교련 빠뜨렸다고 중앙정보부 불려가 반공 교육

1969년에 들어간 대학은 공부에 집중할 분위기가 전혀 아니었다. 대학 생활 4년 내내 정치적 혼란이 극심했다. 3선 개헌 반대, 교련(학생 군사훈련) 반대, 부정선거 항의, 10월 유신 반대 등으로 학생 시위가 끊이지 않았다. 학교 수업이 제대로 이뤄질 수가 없었다.

1971년 박정희 대통령의 위수령 발동은 지금도 뚜렷이 기억에 남아 있다. 군인이 대학 캠퍼스까지 탱크를 몰고 왔다. 그들은 교내에 있던 학생을 무차별 폭행하고 어디론가 끌고 갔다. 대학 담장 옆에 있던 하숙집에서 직접 두 눈으로 목격한 일이다. 시커먼 가죽점퍼를 입은 사람들이 밤중에 내가 있는 하숙집으로 들이닥치기도 했다. 그들은 시위 주동자를 찾는다며 학생들을 마구 때렸다.

나는 용기가 없어 학생 시위에 앞장서지는 못했다. 그런데도 중앙정보부(현 국가정보원)에 불려간 적이 있다. 수강 신청을 할 때 필수 과목인 교련을 빠뜨렸다는 이유에서다. 이 일로 나는 반정부 성향이란 낙인이 찍혔다. 대학생이라도 이쯤 되면 강제 징집되는 상황이었다. 아버지가 이런 사정을 알고 반정부 성향 분류에서 뺀다고 굉장히 애를 썼다. 이후 입대가 연기된 것을 보면 아버지의 노력이 성공한 모양이었다.

어쨌든 나는 정보부에서 다른 학생들과 함께 반공 교육을 받아야 했다. 학교에서 어디로 간다는 말도 없이 버스를 타라고 해서 그렇게 교육장으로 갔다. 강사로 나온 사람이 자수한 간첩이었다. 북한에선 김일성대를 나온 엘리트라고 했다. 그 사람은 "남한에 와서 보니 남한이 북한보다 훨씬 잘사는 모습을 보고 자수를 결심했다"고 말했다. 나는 좀 어이가 없었다. 이런 질문을 던졌다. "그런 식이면 가난한 나라의 간첩이 부자 나라에 가면 다 전향한다는 겁니까." 그 사람은 당황스러워하며 제대로 답하지 못했다. 나중에 자료를 보니 1970년대 초반까지만 해도 북한이 남한보다 경제력에서 앞서 있었다.

누군가 이런 질문도 했다. "북한에서 시가행진을 하는 걸 보니 예쁜 여자가 많던데 그건 어떻게 된 겁니까." 그러자 정보부에서 나온 사람이 이렇게 둘러댔다. "북한 여자들이 제대로 먹지도 못하고 살이 빠져서 화면으로만 예뻐 보이는 겁니다." 너무나 옹색한 답변이었다.

"어떻게 돈까지 많이 가지려고 합니까"

젊은 혈기에 어른들에게 철없는 소리를 한 적도 있다. 사연은 이랬다. 1971년 1월 《조선일보》의 '학생논문' 공모전에서 내가 쓴 글이 가작으로 뽑혔다. 예전에는 신춘문예와 별도로 학생논문이란 부문이 있었다. 내 글의 제목은 '농공병진의 경제 전망'이었다. 상금은 그때 돈으로 30만 원인가, 50만 원인가 했다. 웬만한 공무원 월급의 열 배 정도였다.

얼마 뒤 신문사에서 신춘문예와 학생논문 당선자를 불러 시상식을 했다. 행사가 끝나고 심사위원들도 함께 모여 다과회를 열었다. 심사위원 중에는 교과서에 시나 소설 작품이 실릴 정도로 쟁쟁한 작가들이 있었다. 내가 최연소 참석자였을 것이다.

다과회에서 오가는 대화는 실망스러웠다. "문인들이 너무 가난하고 생활이 어렵습니다. 문학 하는 사람에 대한 국가나 사회의 대우가 이래서야 되겠습니까." 지금 같으면 작가도 생활인이라고 이해하고 넘어갈 수 있는 말이었다. 하지만 그 시절 나에겐 '돈타령'처럼 들렸다. 참지 못하고 끼어들었다. "작가로서 명예를 얻고 존경받으면 충분한 것 아닙니까. 어떻게 돈까지 많이 가지려고 합니까."

그 자리에 있던 문인들에겐 기가 막힌 얘기였을 것이다. 다행히 한 분이 "그래 맞다" 하고 내 편을 들어줬다. 그러면서 "작가가 물질적으로 풍족해지면 좋은 작품이 나오지 않는다"고 했다. 일본의 유명 작가가 돈을 많이 벌고 나서 작품이 이상해졌다는 얘기도 나왔다. 20대 초반이라 겁 없이 꺼낸 말이었지만 나중엔 후회를 많이 했다.

노 대통령 장례식, 남루한 조문객 태반

그해 4월에는 대통령 선거가 있었다. 현직 대통령인 박정희 공화당 후보와 김대중 신민당 후보가 맞붙었다. 나는 김대중 후보를 지지했다. 지역주의를 타파하려면 호남 사람이 대통령이 돼야 한다는 생각 때문이었다. 그해 2월 서울 장충단공원 유세에도 갔다. "이번에 정권 교체를 하지 못하면 영구 집권의 총통 시대가 온다"는 김 후보의 발언으로 유명했던 현장이다. 유세 현장에서 본 지지자들의 옷차림이 남루했다. 호남선 열차의 그 차림 그대로였다.

선거운동 마지막 날인 4월 26일에는 끔찍한 사고도 있었다. 그날 저녁 김 후보는 서울 신설동 대광고 운동장에서 연설했다. 마침 하숙집과 가깝기도 해서 나는 친구들과 함께 유세장을 찾아갔다. 유세가 끝나자 김 후보 얼굴을 보려는 인파가 출구 쪽으로 몰리며 압사 사고가 발생했다. 사망자가 두 명이 나오고 부상자도 속출했다.

이런 '호남의 기억'을 소환한 건 2009년 5월 노무현 대통령 장례식이었다. 초기에 나는 경남 김해 봉하마을에서 조문객을 받는 상주 역할을 했다. 조문객의 옷차림이 남루했다. 넥타이 하나

변변히 매지 않은 이들이 태반이었다. 그런 옷차림을 한 조문객은 처음 봤다. 안타까운 소식을 듣자마자 모든 일을 제쳐 두고 달려온 사람들이었다. 자기 부모라도 돌아가신 듯 오열하는 이들을 보며 40년 전 호남선 열차에서, 김대중 후보의 유세장에서 봤던 사람들이 떠올랐다. '아직 갈 길이 멀구나.' 학창 시절의 기억이 고스란히 되살아났다.

참모 부담 꺼린 노 대통령,
현대차에 직접 "물량 달라" 민원

오래전 감명 깊게 봤던 영화 중에 〈모터사이클 다이어리〉가 있다. 훗날 체 게바라로 불리는 아르헨티나 청년 의대생의 남미 종단 여행길을 쫓아간 로드 무비다. 예전에 외부 강연에서 엄마들에게 이 영화를 추천하기도 했다. 이념을 떠나 부모 입장에서 교훈이 될 만한 내용이 많아서다. 자녀의 장래를 부모의 뜻이나 규격에 억지로 맞추지 않기를 바라는 뜻이었다.

나는 2006년 7월 청와대 정책실장으로 들어갔다. 언젠가 노무현 대통령과 대화하다가 영화 얘기가 나왔다. 내가 <모터사이클 다이어리>를 얘기했더니 노 대통령은 본 적이 없다고 했다. 나는 주말에 대통령 관저에서 볼 수 있게 영화 CD를 구해서 전달했다.

"지방에서 자니 경호원들이 너무 고생하더라"

며칠 뒤 반응이 뜻밖이었다. 노 대통령은 '영화는 봤는데 영 이해가 안 되더라'고 했다. 한글 자막을 켤 줄 몰라서 그냥 영화를 봤다는 거였다. 관저에서 일하는 사람에게 부탁하면 될 일이었는데 하지 않았다고 했다. 노 대통령은 "밤중에 어떻게 자는 사람을 깨우겠습니까"라고 했다.

'나 때문에 다른 사람을 힘들게 하고 싶지 않다'는 노 대통령의 생활 철학은 지위고하를 가리지 않았다. 경호원에게도 그랬다. 지방에 가면 현지에서 숙박하는 게 일정상 효율적일 때가 자주 있었다. 노 대통령은 반대했다. "서울에서 자고 내일 다시 옵시다."

이유를 물으니 이렇게 답했다. "예전에 지방에 갔다가 밤에 나왔더니 경호원들이 너무 고생하는 게 보였습니다." 그게 미안해서 숙박을 안 하겠다는 거였다. "경호원이 경호를 안 하면 어떻게 합니까. 잘못하면 남의 일자리를 빼앗는 게 되지 않겠습니까." 내 딴엔 이런 논리로 설득했지만 뜻을 바꾸지는 못했다.

예전에 공자는 오십을 하늘의 뜻을 깨닫는 '지천명'이라고 했다. 내 인생의 오십 대는 '인간 노무현'을 만나 극적으로 변했다. 청와대 정책실장으로 있던 약 1년간은 거의 매일 가까운 자리에서 수많은 대화를 나눴다. 서로를 존중하는 관계였다고 할 수 있다. 나는 세상을 보는 눈이 완전히 달라졌다. 노 대통령도 내 영향을 어느 정도 받았을 것이다. 그 중에선 지금도 잊을 수 없는 기억이 많다.

노 대통령은 장관이나 참모들에게도 책임을 미루지 않았다. 내가 정책실장을 맡고 얼마 되지 않았을 때다. 청와대에서 대기업 대표들과 상생협력 회의를 열었다. 현대자동차에선 정몽구 회장 대신 김동진 부회장이 참석했다. 회의 전에 노 대통령이 나에게 말했다. "회의 끝나고 김 부회장에게 할 말이 있으니 잠깐 남으라고 해 주세요."

커피 타임 좋아한 노무현 "커피믹스는 최고의 발명품"

대통령 집무실 옆에 작은 방이 있었다. 애연가였던 노 대통령이 권양숙 여사의 눈을 피해 담배를 피우던 방이다. 누군가를 사적으로 만나서 얘기할 때도 그 방을 썼다. 거기서 김 부회장과 마주 앉은 노 대통령은 어떤 회사 이름을 꺼냈다. 둘 사이에선 이런 대화가 오갔다고 한다. "이 회사 알고 있죠. 물량 배분 좀 해 줄 수 있겠습니까."(노무현) "알겠습니다."(김동진) 선거 때 도움을 받았던 기업인의 민원을 대신 전달하는 것으로 보였다.

김 부회장이 가고 나서 노 대통령을 만났다. "그걸 왜 직접 하십니까. 저한테 말씀하시지요." 노 대통령은 안 된다고 잘라 말했다. "이쪽에 물량을 더 주면 빼앗긴 쪽에서 가만히 있겠습니까. 나중에 실장이 검찰 수사를 받을 수도 있습니다. 그러니 이런 건 내가 직접 해야죠."

기획예산처 장관 시절 '비전 2030' 정책과 관련, 증세를 건의하면서 시끄러워지면 책임지고 사퇴하겠다고 한 적이 있다. 노 대통령은 한마디로 반대했다. "그걸 왜 장관이 책임집니까. 대통령이 책임져야죠." 나중에 부담으로 돌아오더라도 대통령 스스로 최종 책임을 지겠다는 뜻이 확고했다.

청와대 본관 국무회의가 열렸던 방 앞에는 넓은 홀이 있었다. 그곳에는 일회용 커피믹스와 커피잔을 쌓아 뒀다. 노 대통령은 회의 전이나 중간에 커피 타임을 갖는 걸 좋아했다. 직접 커피믹스를 타 먹으면서 회의 참석자들과 편하게 대화했다. 장관들로선 공식 보고 일정을 잡지 않아도 대통령과 뭔가를 의논할 기회였다. 국무회의가 오전 10시에 열리면 9시30분쯤 모이고, 오후 2시에 열리면 1시30분쯤 모였다. 주변엔 경호원도 없고 대화 내용을 녹음하지도 않았다. 혹시 개인 신상 얘기가 나오면 나는 눈치를 봐서 슬쩍 자리를 피하기도 했다.

언젠가 노 대통령과 단둘이 얘기할 때 커피믹스가 화제에 올랐다. 노 대통령은 "커피믹스는 최고의 발명품이다. 역시 한국 사람은 아이디어가 기발하다"고 했다. 그래서 나는 "커피믹스의 원조는 한국이 아니라 미군 전투식량"이라고 말씀드렸다. 혹시라도 미국 사람을 만났을 때 실수하지 않도록 하기 위해서였다. 요즘은 우리나라에서도 커피에 우유를 많이 타 먹지만 예전에는 프림을 주로 사용했다. 커피믹스에 들어가는 프림은 군대에서 전투식량용으로 개발한 것이다. 사실 나도 잘 몰랐다. 1986년 미국 유학을 갔다가 카페테리아에서 프림을 못 찾아 당황했던 경험도 있었다. 그때만 해도 우리나라 사람에겐 커피에 우유를 타 먹는 게 오히려 낯설었기 때문이다.

"성매매 자유화하고 세금 제대로 물리면 어때요"

노 대통령이 모든 일을 직접 챙기는 만기친람 스타일은 아니었다. 노 대통령은 기본적으로 장관들에게 자율권을 줬다. 그러다 보니 대통령의 뜻과 다르게 정책이 추진되는 일도 있었다. 성매매방지특별법이 그런 경우다. 여성단체의 강력한 요구가 있었고 지은희 여성부 장관이 입법에 앞장섰다.

당시 노 대통령은 속으로 답답해했다. 청와대 안에서도 입법에 반대하는 의견이 적지 않았다. 그런데도 입법을 막지 못했다. 사회적으로 차분하고 솔직한 토론을 기대하기 어려운 이슈였기 때문이다. 말을 잘못 꺼냈다가는 엄격한 도덕주의 분위기에서 맹비난을 받을 우려가 있었다.

그때 나는 기획예산처에 있었다. 노 대통령에게 다른 일로 보고하는 자리에서 성매매특별법에 반대하는 이유를 설명했다. "돈 많고 사회적 능력이 있는 사람들은 자유연애를 할 수 있습니다. 반면에 장애인 같은 사회적 약자는 대책이 없습니다." 나는 이런 식의 사회적 차별을 가장 큰 문제라고 봤다.

19세기 프랑스 화가인 앙리 드 툴루즈 로트레크의 사례도 들었다. 어린 시절 사고로 장애인이 된 그는 파리의 성매매 집결지를 자주 드나들며 성매매 여성을 모델로 그림을 그렸다. 외국을 보면 성매매를 양성화해 국가가 관리하는 경우가 드물지 않다. 노 대통령은 난감해하면서도 공개적으로 의견을 말하지 못했다.*

●　　노혜경 전 청와대 국정홍보비서관은 성매매특별법이 논란이 됐을 때 노 대통령이 사석에서 "성매매를 완전 자유화하고 사업자등록증을 주고 세금만 제대로 내게 하는 것을 어떻게 생각하오"라고 물었다는 회고를 남겼다.

성매매방지법 시행을 하루 앞둔 2004년 9월 22일, 여성부 주최로 세종문화회관 분수대 광장에서 열린 "성매매방지 캠페인"에서 지은희 여성부 장관과 최기문 경찰청장이 성매매방지 원정대 대표들에게 '성매매방지'를 상징하는 주황색 스카프를 전달하고 있다. (자료출처: 연합뉴스)

2006년 7월 청와대에서 노무현 대통령이 변양균 신임 정책실장에게 임명장을 수여한 뒤 접견 실로 자리를 옮겨 환담하고 있다. (자료출처: 노무현재단)

노무현, 말투 지적에 "내 인생 바꾸란 말이냐" 격분

"밥을 같이한다는 건 삶을 같이한다는 것"이라고 한다. 오인태 시인이 쓴 '혼자 먹는 밥'이란 시의 한 구절이다. 노무현 대통령과 나는 밥을 같이 먹은 것만 100번이 넘는다. 일일이 세어 보지 않아서 그렇지 150~200번이 될지도 모른다. 노 대통령은 일주일에 절반 이상은 외부 손님을 초청해 저녁 식사를 함께했다. 내가 청와대 정책실장을 할 때는 대부분 배석자로 참석했다.

그러면서 노 대통령과 정말 많은 대화를 나눴다. 이 글을 연재하기 전까지는 어떤 대화를 했는지 외부에 공개한 적이 없다. 예전엔 보안 때문에 밝히기 어려운 부분도 있었다. 이제는 비밀이라고 할 정도는 아닐 것이다. 노무현 정부에서 어떤 정책을 폈는지는 각종 자료에 기록이 다 남아 있다. 하지만 그런 정책을 결정한 배경은 알려지지 않은 게 많다. 노무현은 어떤 사람이었고 어떤 고민을 했는지 알아야 그의 정책도 제대로 평가할 수 있을 것이다.

변양균 총리론에 "젊어서 총리 하면 앞으로가 걱정"

노 대통령의 인사와 관련해서도 알려지지 않은 이야기가 적지 않다. 2006년 3월에 나는 기획예산처 장관을 맡고 있었다. 그 무렵 이해찬 총리가 물러나고 여당(열린우리당)으로 복귀하기로 했다. 노무현 대통령은 후임으로 행정 능력이 뛰어난 사람을 원했다. 어느 날 이광재 의원과 박남춘 청와대 인사관리비서관에게서 연락이 왔다. 박봉흠 전 기획예산처 장관과 저녁을 함께하자고 했다.

이 자리에서 참석자들은 박 전 장관에게 후임 총리를 맡아 달라고 권했다. 행정부를 원활하게 이끌어 갈 적임자란 얘기였다.

사전에 노 대통령과도 교감이 있었을 것이다. 박 전 장관은 완강하게 거절했다. "암 치료를 계속 받고 있습니다. 총리라는 격무를 감당하기엔 무리입니다." 그렇게 결론을 내지 못하고 헤어졌다.

얼마 뒤 같은 사람들이 다시 만났다. 이번엔 나에게 총리를 권했다. 나는 사양했다. "행정만 안다고 총리를 잘할 수 있는 게 아닙니다." 다른 참석자들은 기다려 보라고 했다. 그런데 노 대통령이 난색을 보였다. "그렇게 젊을 때 총리를 하면 앞으로 그 사람 인생이 걱정됩니다." 나중에 전해 들은 노 대통령의 말이었다. 나로선 다행스러웠다. 그러면서 '내가 그렇게 젊어 보이나' 하는 생각도 들었다. 그때 나이 57세였다.

결국 후임 총리로 한명숙 전 환경부 장관이 내정됐다. 헌정 사상 첫 여성 총리라는 상징성이 있었다. 정치적 위상을 높여 대선 주자 대열에 세우려는 노 대통령의 뜻도 있었다. 그런데 일부에선 신중론이 나왔다. 큰 부처를 맡아본 경험이 없어 행정 능력이 검증되지 않았다는 얘기였다.

내부적으로 대안을 모색했다. 한 총리의 행정 능력을 보완할 유능한 참모를 총리실 국무조정실장에 보내기로 의견을 모았다. 노 대통령의 머릿속엔 내가 떠올랐던 것 같다. 그 자리에 기획예산처 장관인 나를 검토해 보라고 했다. 청와대 인사 라인에선 반대 의견을 냈다. "국무조정실장은 장관급이긴 하지만 현직 장관을 보내면 좌천으로 오해를 살 소지가 있습니다. 좌천이 아니라는 설명이 필요합니다. 그러다 보면 총리의 행정 능력에 논란이 불거질 우려가 있습니다." 그래서 김영주 청와대 경제수석(차관급)이 그 자리로 갔다. 김 수석은 재정경제부 차관보 등을 지낸 행정가였다. 나중에 산업자원부 장관도 역임했다.

2006년 7월 4일 나는 청와대 정책실장 임명장을 받았다. 청와대에 정책실장을 둔 건 노무현 정부가 처음이었다. 그렇게 된 배경이 있다. 정책실장이 없을 때 청와대에서 현안을 논의하면 경제는 뒷전으로 밀리기 십상이다. 경제 쪽 참모인 경제수석(차관급)이 따로 있지만 일단 직급에서부터 비서실장(장관급)에 밀린다. 역대 청와대 비서실장은 권력의 2인자인 경우가 많았다. 그런데 경제 전문가가 비서실장을 맡는 경우는 흔치 않았다.

박정희 정부 때는 경제수석을 기본적으로 두 명, 많게는 세 명까지 뒀다. 그렇게 숫자라도 많으면 내부에서 발언권이 세질 수 있다. 전두환 정부 초기에는 김재익 경제수석에게 강력한 자율권을 줬기 때문에 괜찮았다. 그런데 노태우·김영삼·김대중 정부를 거치면서 경제수석의 발언권이 약해졌다. 대표적으로 1997년 외환위기가 왔을 때 김인호 경제수석이 청와대 안에서 발언권이 세지 않았다. 김대중 정부에선 경제 관료인 전윤철 장관을 청와대 비서실장으로 임명하기도 했다.

청와대 수석들이 모여 현안 회의를 하면 대개 정치 이슈나 사건 사고가 중심이 된다. 자연히 정무수석이나 민정수석에게 힘이 실린다. 경제는 통계 수치가 중요한데 하루아침에 급변하는 경우는 드물기 때문이다. 예컨대 물가 상승률을 생각해 보자. 물가 상승률은 어느 정권이든 각별히 신경 쓰는 경제 지표지만 어느 날 갑자기 물가가 50퍼센트씩 뛰어오르는 일은 없다. 대개 경제 성장률이나 물가 상승률 같은 통계 수치는 서면 보고로도 충분하다. 그러다 보니 경제수석 없이 청와대 현안 회의가 진행되는 경우도 많다. 전체 수석보좌관회의 같은 데는 경제수석이 참석하지만 소수 멤버만 따로 모이는 회의에는 빠지는 것이다.

정책실장이 있으면 얘기가 달라진다. 정책실장은 비서실장과 같은 장관급이다. 웬만한 청와대 회의는 정책실장도 다 들어갔다. 이름은 정책실장이지만 실상은 경제수석의 급을 높여 준 셈이다. 물론 경제수석도 별도로 있기 때문에 청와대 안에서 경제 쪽 발언권이 강해질 수 있다.

역대 정부의 대통령실에서 가장 중요한 부분인 인사에서도 정책실장의 역할이 중요하다. 인사는 개인 프라이버시와 관련되기 때문에 최소한의 멤버가 비밀리에 논의할 필요가 있다. 내부 인사위원회에 많은 사람을 참여시킬 수 없는 이유다. 그러니 정책실장은 괜찮지만 경제수석까지는 들어가기가 어렵다. 만일 경제수석이 인사위원회에 들어가면 사회·외교·안보 등 다른 분야 수석들도 다 들어가겠다고 할 것이다.

경제 쪽 참모가 내부 인사위원회에 들어가느냐, 그러지 못하느냐는 엄청난 차이이다. 경제 부처의 장차관급 인사를 논의할 때 적극적으로 의견을 낼 수 있느냐 아니냐 하는 문제다. 정책실장 없이 경제수석만 있을 때는 회의가 끝난 뒤 결정 사항만 통보받는 일이 생긴다. 내 경험으로 보면 적어도 경제 부처 인사는 경제 쪽에서 온 사람이 봐야 비교적 정확한 판단을 할 수 있다.

정동영, 재보선 험지 출마 권유 뿌리치고 외국행

2006년 5월 말에 지방선거가 있었다. 여당인 열린우리당은 광역 단체장 16곳 가운데 단 한 곳(전북)을 제외하고 모두 패배했다. 그해 7월 말에는 국회의원 재보궐선거가 치러졌다. 서울 두 곳을 포함한 전국 네 곳이었다. 여당은 단 한 곳도 이기지 못했다.

그 무렵 노 대통령과 단둘이 이야기할 기회가 있었다. 노 대통령은 정동영 전 통일부 장관에 대해 깊은 아쉬움을 표현했다. 당시 노 대통령은 직접 정 전 장관에게 재보궐선거 출마를 권했다. 지역구는 서울 성북을이었다. 하지만 정 전 장관은 선거 직전 독일로 단기 유학을 떠났다. 출마를 에둘러 거절한 것이다. "당선되든 떨어지든 당을 위해 희생할 용기가 없으면 대선을 이길 수 없습니다." 노 대통령의 냉정한 평가였다.

이듬해 야당인 한나라당에서 차기 대선 후보 경선이 있었다. 이명박 후보와 박근혜 후보의 경쟁이 치열했다. 노 대통령은 둘 중에선 이명박 후보가 이기길 바랐다. "이명박은 기업인 출신이라서 융통성이 있습니다. 박근혜는 융통성이라곤 하나도 없는 사람입니다." 그러면서 야당 내부에선 박근혜 후보가 유리할 것으로 봤다. 결국 박근혜 후보는 당내 선거인단 투표에선 이겼지만 여론조사에 밀려 이명박 후보에게 최종 승리를 내줬다.

노무현, 한나라당 경선 이명박 승리 바라

드문 일이지만 노 대통령이 불같이 화를 냈던 기억도 있다. 청와대에서 나를 포함해 몇 명이 노 대통령과 편하게 대화를 나눌 때였다. 그때 한 사람이 말을 꺼냈다. "외부에서 공격받는 부분 중에 대통령 말투가 천박하다는 게 있습니다. 대통령 품위를 생각하셔야 하지 않겠습니까." 노 대통령이 격분했다. 순식간에 분위기가 살벌해졌다. "말투를 바꾸라는 건 인생을 통째로 바꾸라는 얘기입니다. 다시 한 번 그런 말을 하면 가만히 있지 않겠습니다."

나는 이런 모습을 솔직담백함으로 받아들였다. 한 번은 부부 동반으로 골프를 같이 친 적이 있었다. 해외 순방에서 돌아온 직후 시차 적응도 할 겸 운동이나 하자고 했다. 노 대통령이 나에게 극존칭을 쓰는 걸 아내가 직접 봤다. 골프 카트를 탈 때도 꼭 한쪽으로 비켜 앉으며 내 자리를 만들어 줬다. 아내가 준비한 팔 토시를 전달했더니 "그것 참 좋다"는 말을 되풀이했다. 운동이 끝나고 집으로 가면서 아내가 말했다. "당신이 대통령을 모시는지, 대통령이 당신을 모시는지 모를 정도네요. 당신은 이제 다른 어떤 사람도 대통령으로 모시지 못하겠어요."

그 무렵 이상한 루머도 돌았다. 권양숙 여사가 재벌 부인들과 내기 골프를 치며 돈 따먹기를 즐긴다는 것이었다. 말도 안 되는 소리였다. 실제로 본 권 여사의 골프 실력은 100타도 깨지 못하는 초보 수준이었다. 노 대통령 재임 중에 골프를 친 건 다섯 손가락으로 꼽을 정도라고 했다. 기본적으로 골프를 칠 줄 모른다고 하는 게 맞았다.

이런 일화도 있었다. 어느 날 노 대통령과 식사를 같이 하는데 식탁에 세발낙지가 올라왔다. 호남 출신 중에는 세발낙지를 좋아하는 분도 많지만 나는 그렇게 살아 있는 걸 잘 못 먹는 편이다. 부산 출신인 노 대통령에게도 세발낙지는 생소한 음식이었을 거다. 그런데 의외로 잘 드셨다.

내가 물었다. "아니 어떻게 세발낙지를 잘 드십니까." 그때 노 대통령의 대답이 인상적이었다. "나도 별로 안 좋아합니다. 요리사가 주방에서 특별히 준비한 건데 어쩝니까. 아무것도 안 먹으면 너무 미안하지 않습니까." 내가 다시 말했다. "그렇다고 계속 드시면 좋아하시는 줄 알고 또 올라올 거 아닙니까." 이렇게 주변 사람을 최대한 존중하면서도 자신보다 강한 사람이 부당한 일을 하면 목소리를 높여 항의하는 게 대통령 노무현의 캐릭터였다.

미래 바꿀 개방형 플랫폼 국가 만들자

허름한 호남선 열차에 충격받은 대학생 시절부터 한미 자유무역협정(FTA)의 국회 비준을 숙제로 남겨놓고 청와대를 떠날 때까지. 이 책은 변양균 전 청와대 정책실장(현 윤석열 대통령 경제고문)이 2022년 10월부터 2023년 3월까지 약 6개월간《중앙일보》에 연재했던 글을 수정 보완해서 엮은 것이다.

박정희 정부의 경제기획원에서 관료 생활을 시작한 변 전 장관은 보수와 진보를 가리지 않고 역대 정부에서 중요한 역할을 했다. 특히 노무현 정부에선 주요 개혁 정책을 기획하고 추진하는 최전선에서 앞장섰다. 당시 청와대 비서실장이던 문재인 전 대통령은 "내가 만나 본 관료 가운데 가장 관료 냄새가 나지 않는 사람"이라고 평가하기도 했다.

2017년에 펴낸 《경제철학의 전환》이란 책은 윤석열 대통령을 비롯해 정계와 관계, 경제계의 수많은 인사들의 주목을 받았다. 그 책이 계기가 돼서 윤석열 정부 출범 첫해인 2022년 7월에 대통령 경제고문을 맡았다.

이 책에선 1973년 박정희 정부부터 2007년 노무현 정부까지 30년 넘게 경제 정책의 현장에서 겪었던 이야기를 담았다. ▶최초의 국가 장기 재정 계획인 '비전 2030'의 좌절 ▶긴박했던 한미 FTA 협상 ▶용산공원의 과거와 현재 ▶무산된 행정수도 이전과 세종시 건설 등이다. 1970년대 후반 박정희 정부에서 '제2의 토지 개혁'을 시도했지만 무산된 사연도 처음 공개했다. 책을 마무리하는 소회와 남기고 싶은 말은 신문 연재를 전후로 이정재 전 《중앙일보》 칼럼니스트, 주정완 《중앙일보》 논설위원과 진행한 인터뷰로 대신한다. (정리: 주정완 《중앙일보》 논설위원)

— 2022년 7월 윤석열 대통령의 경제고문을 맡았습니다. 어떤 계기가 있었는지 궁금합니다.

"사실 대선 때부터 이런저런 요청을 받았습니다. 당시 윤석열 후보 캠프에서 외연 확대에 나섰던 시기였습니다. 나는 정치도 잘 모르고 선거에 도움이 되기는커녕 방해만 될 거라고 사양했죠. 그랬더니 윤 후보와 식사를 같이하자는 연락을 받았습니다. 이때도 제안을 사양하면서 캠프에 참여할 수는 없지만 자문에는 응하겠다고 했습니다. 나중에 다른 사람을 통해 윤 대통령이 후보 시절에 내 책《경제철학의 전환》)을 두 번이나 줄을 쳐 가면서 읽었다는 말을 들었습니다."

— 이재명 후보 캠프나 더불어민주당에선 연락이 없었습니까.

"없었습니다. 그쪽에선《경제철학의 전환》이 보수적 관점에서 쓴 책이라고 본 듯합니다. 나로선 보수와 진보를 떠나서 쓴 책인데 이념을 따지는 사람들에겐 부담이 된 것 같습니다."

— 대선 이후에는 어떻게 됐습니까.

"한덕수 총리가 후보자 시절에 몇 차례 같이 일하자는 연락을 해왔습니다. 2022년 6월 중순에는 용산 대통령실에서 윤 대통령과 식사를 같이했습니다. 식사를 마칠 때쯤 경제고문을 맡아달라는 제안을 받았습니다."

— 대통령과는 무슨 얘기를 하셨습니까.

"경제 정책의 원칙을 두 가지로 구분해 말씀드렸습니다. 하나는 자율·경쟁·개방을 기본으로 하는 시장경제, 다른 하나는 국민의 주거·의료·교육 등 기본수요를 충족하는 사회 정책입니다. 현재 경제가 어렵지만 국민에겐 항상 희망을 보여 줘야 한다, 중장기적 국가 비전을 제시해야 한다고도 했습니다."

— 다른 얘기는 없었습니까.

"미국인 학자(R. 태가트 머피)가 쓴 《일본의 굴레》라는 책을 전해드렸습니다. 문재인 정부는 일본과의 관계에서 실패했다고 할 수 있죠. 이제는 일본과의 관계를 정상화하는 게 좋겠다고 말씀드렸습니다."

— 경제 정책에도 브랜드가 필요하다고 하셨죠. 윤석열 정부의 경제 정책 브랜드는 어떤 게 좋을까요.

"예를 들어 중산층의 복원과 확대를 생각할 수 있습니다. 양극

화를 다른 말로 바꾸면 중산층이 위축했다는 뜻입니다. 중산층을 넓히는 건 재정·금융·복지 등 경제 정책의 전반을 포괄할 수 있습니다. 특히 '나는 중산층이다'란 인식을 갖게 하는 게 중요합니다. 각종 설문조사를 보면 스스로 중산층이라고 인식하는 비율이 점점 낮아지고 있습니다. 국민의 행복도는 낮아지고 불행도가 높아졌다는 의미입니다."

— 강력한 경제 사령탑이 보이지 않는다는 지적도 있습니다.

"어디까지나 경제부총리가 야전 사령관입니다. 내부적으로는 치열한 토론을 벌이더라도 대외적으로는 경제부총리가 경제 정책을 주도하는 게 맞습니다. 대국민 메시지를 낼 때 너무 위기만 강조하는 건 좋지 않습니다. 우리가 모두 고통을 분담하면 위기를 극복하고 더 좋아질 것이란 희망적인 말도 해야 합니다."

— 여소야대 국회에서 정부가 추진하는 법안 통과가 쉽지 않습니다.

"야당을 설득하는 노력밖에 다른 방법이 없습니다. 정말 열심히 해도 안 됐다면 국민은 법안 통과를 막은 쪽을 나쁘게 봅니다. 반대로 노력한 쪽은 좋게 봐줄 겁니다. 여소야대라고 지레 포기하면 안 됩니다. 때로는 과정이 결과 이상으로 중요합니다.”

— 윤 대통령은 취임하자마자 집무실을 용산으로 이전했습니다. 어떻게 생각하십니까.

　“용산 시대는 '노무현의 꿈'이었습니다. 그걸 잘 아는 내 입장에서 대통령실 용산 이전은 매우 기쁜 소식이었습니다. 노 전 대통령의 구상에 100퍼센트 맞는 건 아니지만 비슷하게 가고 있습니다.”

— 청와대에서 너무 급하게 나온 게 아니냐는 시각도 있습니다.

　“청와대는 서양 영주의 성처럼 높은 곳에서 백성을 내려다보는 자리입니다. 거기서 나와 시민에게 가까이 다가간 건 마땅하고 옳은 일입니다. 프랑스 출신 석학 기 소르망도 민주주의 국가에선 대부분 도시 중심에 대통령 집무실이 있다며 용산 이전을 높이 평가했죠. 예전에 고종도 대한제국을 선포하면서 구중궁궐인 경복궁에서 나와 덕수궁으로 옮기지 않았습니까. 청와대도 구중궁궐이나 마찬가지였습니다.”

— 노 전 대통령이 구상한 용산은 뭐였습니까.

"기본적으로 세계 어느 나라에서 수도 한복판에 외국군이 주둔하느냐는 시각이었습니다. 그게 우방국 군대냐 아니냐의 문제가 아니라고 봤습니다. 굴욕의 역사를 빨리 청산하고 미국 뉴욕의 센트럴파크보다 더 멋진 공원을 만들려고 했습니다. 미군 시설은 하나도 빠짐없이 다 나가고 공원 지상에는 건물을 전혀 두지 않는 게 기본 개념이었습니다."

— 문재인 정부엔 왜 참여하지 않으셨습니까.

"초기에는 사람을 추천하기도 했습니다. 2022년 6월 지방선거에서 경기지사에 당선한 김동연 전 경제부총리입니다. 어느 순간 청와대 민정 라인에서 나를 감시 대상에 올렸다는 통보를 받았습니다. 이유를 물으니 내 이름을 팔아 나쁜 일을 하는 사람이 있을까 봐 감시한다는 얘기였습니다. 몹시 기분이 좋지 않았습니다. 그 후 모든 정책 조언에서 스스로 물러났습니다."

— 문재인 정부 출범 직후 《경제철학의 전환》을 내셨습니다. 슘페터식 창조적 파괴와 혁신이 경제 정책을 운영하는 데 반영될 것이란 기대가 있었습니까.

"문 전 대통령이 대선 후보였던 시절에 책의 초고를 보내드렸습니다. 경제 정책에서 이념적으로 편향되지 말고 중도를 가길 바라는 마음이었습니다. 얼마 뒤 캠프 관계자가 연락을 해왔습니다. 선거 운동에 방해가 되니까 선거가 끝나고 책을 내달라는 얘기였습니다. 그렇게 했습니다. 이후 청와대를 시민단체 출신들이 완전히 장악했습니다. 그중 한두 명은 내 책을 굉장히 배척했다는 말을 들었습니다."

— 문재인 정부의 경제 정책을 노무현노믹스의 계승이라고 볼 수 있을까요.

"그렇지 않습니다. 양쪽의 지지자들이 겹치기는 하지만 경제 정책의 접근 방식은 달랐습니다. 노무현 정신을 경제 쪽에서 보면 굉장히 실용적입니다. 한미 자유무역협정(FTA)이 대표적이죠. 문재인 정부는 지지자들의 뜻에 벗어나는 건 하나도 안 했습니다."

— 노무현 정부 시절 '비전 2030'을 내놨습니다. 당시엔 포퓰리즘이란 비판을 받았지만 지금은 오히려 너무 소극적이었다는 말도 나옵니다.

"비전 2030은 우리나라 최초의 장기 재원배분 계획입니다.

단순히 전망이나 비전이 아니고 국가 계획을 수립한 것입니다. 2020년에는 2005년의 일본 정도는 간다, 2030년이 되면 2005년의 스위스를 따라잡는다, 이게 목표였습니다. 각 분야의 구조 개혁 계획도 100가지 정도 들어 있었습니다. 이런 개혁이 없으면 갈수록 재정 부담만 커지고 선진국으로 진입도 못 하고 파탄이 날 수 있다고 했습니다."

— 당시엔 재원 조달 계획을 두고 비판을 많이 받았습니다.

"개인적으로는 세금을 올려야 한다고 생각했습니다. 그런데 여론 때문에 도저히 증세를 말할 수가 없었습니다. 지금도 제일 아쉬운 점입니다."

— 신문 연재에 이어 이 책의 제목도 《진영을 넘어 미래를 그리다》입니다. 이걸 선택하신 이유가 뭔가요.

"내 인생의 20대부터 50대까지 줄곧 했던 일이 경제 정책 수립이었습니다. 경제 정책은 이념이나 색깔에 좌우되지 말아야 합니다. 특정 진영의 논리로 경제 정책을 수립하면 안 된다는 뜻입니다. 단기보다는 장기적 관점에서 국민 전체의 이익을 목표로 해야 한다는 걸 말하고 싶었습니다."

— 신문에 글을 연재하면서 기억에 남았던 반응이 있습니까.

"황장엽 전 북한 노동당 비서와 면담한 얘기를 다룬 부분이 있습니다. 그때 흡수통일론에 부정적 견해를 밝혔습니다. 그러면 통일에 반대하는 것이냐고 비판하는 반응이 많았습니다. 나는 준비 없는 통일은 좋은 게 아니라는 걸 말하고 싶었습니다. 좌우를 막론하고 통일은 결코 쉬운 문제가 아닙니다. 엄청난 준비와 비용이 필요하다는 걸 꼭 알고 있어야 합니다."

— 최근 우리 경제 상황은 어떻게 보십니까.

"개방 경제인 한국은 대외 여건 변화의 영향을 많이 받습니다. 우리 수출에서 중국의 비중이 미국을 추월한 건 2003년이 처음이었습니다. 예전에 노 전 대통령에게 '중국이 있기 때문에 물가와 성장은 별로 걱정 안 해도 된다'고 했던 기억이 있습니다. 그 후 20년이 지났습니다. 중국의 경제 성장은 둔화하지만 인도·베트남·인도네시아 등이 떠오르고 있습니다. 대외 여건이 어렵지만 잘 대응하면 길이 없는 게 아니라고 생각합니다."

— 코로나19를 거치며 국가채무가 급증했습니다. 어떻게 해야 할까요.

"문재인 정부에서 국가채무가 많이 증가하고 재정 여력이 약해진 건 사실입니다. 중요한 건 그 돈을 어디에 썼느냐입니다. 미래를 위한 투자냐, 당장 쓰고 없어지는 소비성 지출이냐를 따져봐야 합니다. 무조건 국가채무가 증가하면 안 된다는 건 아닙니다. 아직도 수치를 보면 재정 지출을 늘릴 여력이 있습니다. 예컨대 저출산 극복이나 과학기술 진흥 같은 미래를 위한 투자를 해야 합니다."

— 2017년 《경제철학의 전환》에서 노동·투자·토지·왕래의 자유를 제안하셨습니다. 여전히 유효하다고 생각하십니까.

"그렇습니다. 그중에서도 이민 정책의 전면 개편을 포함한 '왕래의 자유'를 강조하고 싶습니다. 저성장·저출산 문제를 극복하기 위해선 인력과 자본의 자유로운 이동이 중요합니다. 세계 최고 수준의 개방으로 이민이 자유로운 나라, 왕래가 자유로운 나라를 만들자고 제안했습니다. 일종의 '플랫폼 국가'라고 할 수 있죠. 이민 정책의 컨트롤 타워로 이민청 설립도 필요하다고 봅니다."

— 건강 문제로 큰 수술을 여러 번 하셨다고 들었습니다.

"공직에서 물러난 뒤 전신마취 수술을 여섯 번이나 받았습니다. 췌장암 진단으로 수술을 받았다가 상태가 악화해 중환자실에 들어가기도 했습니다. 수술 후 조직검사를 했더니 췌장암은 아니었습니다. 전립선암과 맹장 수술도 받았습니다. 60대는 그렇게 수술로 세월을 보내고 70대 들어선 잘 지내고 있습니다."